Pip & Zilver in Americka

Remco Volkers

Pip & Zilver in Americka

Met illustraties van Iris Boter

kluitman

Nur 282/W092201
Bisac JUV019000 / JUV013070

Vormgever omslag: Petra Gerritsen
Opmaak binnenwerk: Studio L.E.O.

kluitman.nl

Bij Koninklijke Beschikking
Hofleverancier

Voor mijn ouders, die ergens anders zijn.
En voor Pieter, die er altijd is.

1.

Naar Americka!

(Bijna het einde van de zomervakantie)

Pip en Zilver Houtmeer zitten aan de keukentafel. Ze kijken met veel afkeer naar hun boterham met vieze, bittere jam. Ze weten dat klagen geen zin heeft. Hun moeder heeft er een hele doos van gekocht in de aanbieding. De komende weken eten ze dus elke dag deze jam op brood, 's morgens én 's middags.

Volgens hun moeder heet het trouwens niet jam maar 'marmelade'. Er zit sinaasappel in, dus het is eigenlijk broodbeleg en fruit tegelijk, heel gezond en praktisch, zei ze.

Als het niet in de aanbieding is, is het heel duur. Dat zei ze ook nog. Ze moeten blij zijn met deze betaalbare luxe. De tweeling is er helemaal niet blij mee, maar weet dat er geen geld is voor iets anders op brood.

Als hun moeder klaar is met haar ontbijt – zij eet wel twéé boterhammen met die vieze marmelade – legt ze rustig haar bestek neer en kucht even.

Pip en Zilver kijken op.

'Kinderen,' begint ze, 'het kan zo niet langer. Jullie vader is al een tijdje geleden verdwenen en ons geld is bijna op. Ik kan dit huis niet langer meer betalen. We moeten hier weg.'

Pip en Zilver kijken elkaar aan. Omdat ze een tweeling zijn, denken ze vaak precies hetzelfde: verhuizen? Mooi niet! Ze hebben hier een leuke school en leuke vriendjes en vriendinnetjes. En allebei een eigen kamer in dit fijne nieuwbouwhuis in deze nieuwbouwwijk. Ze wonen al hun hele leven in Duivendam-Buiten.

Maar hun moeder praat door. 'Er stond gisteren een advertentie in *De Ochtendbode,* dat ze bewoners zochten voor een of ander groot, oud huis. Het is gratis per maand. Ik heb gelijk gebeld en ik was de eerste die reageerde, zei die mevrouw. We mogen er gewoon voor niks wonen als we het zelf een beetje opknappen. Dat zei ze nog: "Het is een opknappertje, maar er valt beslist iets van te maken." '

Moeder Houtmeer denkt even na. 'Och kom, hoe noemde ze het verder ook alweer? O ja: "Het heeft ook nog veel oorspronkelijke details." '

'Waar is dat oude, gratis huis dan precies?' vraagt Pip.

'Het is in Americka, en dat is...'

Nog voor ze uitgepraat is, springen Pip en Zilver van tafel. Amerika, hoera! Ze gaan naar Amerika! Wat zullen hun vriendjes jaloers zijn!

Pip strekt haar armen uit zo ver als ze kan. 'Daar hebben ze zúlke grote hamburgers.'

Zilver kijkt dromerig in een spiegeltje aan de muur. ‘Alle bekende acteurs komen uit Amerika. Wie weet word ik een filmster,’ zegt hij en hij geeft zijn spiegelbeeld een luchtkus.

Ze vergeten hun boterham en beginnen rondjes te rennen om de keukentafel. ‘Yes, no, yes, no, yes, no,’ klinkt het opgewonden. ‘Amerika!’

Pip en Zilver kijken voorzichtig naar hun moeder, die er niet zo van houdt als ze heel druk zijn. Vroeger zei ze dan dreigend: ‘Wacht maar tot jullie vader thuiskomt.’ Maar ze wachten al best heel lang tot hij thuiskomt. Ze hebben geen idee waar hij is.

Een tante en oom van hun moeder beweren dat ze hem een keer hebben gezien in Parijs. Daar zou hij danser zijn bij een straatorkest. Dat konden ze nauwelijks geloven, hun vader een danser! Op straat nog wel.

‘Maar het is...’ begint hun moeder.

Pip en Zilver luisteren niet.

‘Americka ligt...’ stamelt ze.

Pip en Zilver dansen van blijdschap door de keuken.

‘Ik bedoel niet dat... dat land...’ probeert ze nog. Maar de tweeling is niet tot bedaren te brengen.

2.

Fijn met de trein?

De volgende dag zijn ze al vroeg op het station van Duivendam.

‘Poeh,’ zegt mevrouw Houtmeer, ‘ik heb het er warm van.’ Ze dept haar gezicht met een papieren zakdoekje. Het was ook een heel gesjouw, maar gelukkig staat bijna alles wat mee moet in de trein. Ze moeten opschieten, want in de verte horen ze de conducteur al op zijn fluitje blazen.

‘Pip, vlugvlugvlug,’ roept moeder Houtmeer tegen haar dochter. ‘Geef jij dat plantentafeltje snel aan, we vertrekken bijna. En Zilver, blijf jij maar in de trein, laat dat kastje alsjeblieft op het perron staan. Ik geloof toch dat we dat lelijke ding niet meer nodig hebben.’

Pip tilt het plantentafeltje op en Zilver pakt het aan. Dan springt Pip ook snel de trein in. De deur gaat bijna gelijk achter haar dicht. Waar in het treinstel normaal de fietsen staan of mensen op een uitklapstoeltje zitten, staan nu hun bureautjes, de eettafel en de stoelen, de kast en hun bedden. En nog veel meer spullen. Ze verhuizen met de trein naar Americka, omdat hun moeder geen rijbewijs heeft.

De trein komt in beweging. Met z'n drieën kijken ze voor de laatste keer door de ramen naar hun oude woonplaats Duivendam. Ze passeren wachtende mensen op het perron. Ze zien de koffiecorner, de snackcorner, de broodjescorner, de cadeautjescorner, de bloemencorner, de informatiecorner en de snoepcorner. En dan zien ze alle drie nog iets: midden op het perron staat moeders grote koffer.

'Dat zál toch niet,' roept hun moeder geschrokken uit. 'Wie heeft die koffer daar nou laten staan?'

Pip had die koffer heus wel gezien. Maar ze vindt het verhuisplan eigenlijk heel erg stom. Toen ze gisteren eindelijk rustig waren, had moeder namelijk uitgelegd dat er twéé Amerika's zijn. Dat grote land ver weg, aan de andere kant van de oceaan, met hamburgers en filmsterren, en een klein dorpje ergens in Nederland, tussen niks en nergens. Pip vergeet steeds waar het nou precies ligt, terwijl moeder het wel zes keer had aangewezen op de kaart van Nederland. Ze waren allebei heel erg teleurgesteld. Dit kleine Americka klonk een stuk minder spannend.

De hamburgers waren er misschien wel heel klein en er woonden vast geen filmsterren.

Pip is er nog steeds boos om. Daarom heeft ze expres niet gezegd dat de koffer van hun moeder nog op het perron stond. 'Je zei alleen dat we dat plantentafeltje moesten pakken.' Ze kijkt heel onschuldig.

Intussen is het te laat om er nog iets aan te doen; ze zien van de koffer al niet veel meer dan een donker vlekje in de verte.

'Jij wilt toch altijd iedereen helpen?' zegt Pip tegen haar moeder. 'Ik denk dat een arme mevrouw zonder jurken heel blij zal zijn met die van jou.'

Zilver staat er zwijgend bij, hij durft niks te zeggen. Je kunt wel merken dat Pip de oudste van ons twee is, denkt hij, ook al schelen we maar 17 minuten en 48 seconden met elkaar! Pip durft veel meer dan ik.

Moeder zucht. 'Als ik straks in Americka mijn telefoon heb opgeladen moet ik maar met Gevonden Voorwerpen bellen. Ik wil die koffer terug hebben. Al mijn mooie jurken...'

Ze kijken om zich heen of ze ergens kunnen zitten, maar het treinstel staat helemaal vol met al hun spullen. Er is zelfs geen ruimte meer om de klapstoelen uit te klappen.

Pip wijst naar een deur. 'Als twee van ons nou op de bureaustoelen gaan zitten, dan kan de derde op de wc zitten. Ik eerst!' En weg is ze. Ze kruipt onder de eettafel door en schuift een hanggeranium opzij. Ze duwt de twee bureaustoelen een stukje naar Zilver en moeder toe en doet de deur van de trein-wc open. Tevreden gaat ze op de klep van de wc-pot zitten. 'Het stinkt hier wel een beetje,' roept ze en ze knijpt haar neus dicht.

Nu moeten ze alle drie lachen. De ergste spanning valt langzaam van hen af.

Moeder Houtmeer zoekt intussen in haar handtas naar een snoepje. 'Zo, kinderen,' zegt ze als ze alle drie tevreden aan het sabbelen zijn. 'Op naar Americka!'

Pip moppert nog een beetje, maar is toch ook wel heel benieuwd. Hoe zou hun nieuwe huis eruitzien? Mam heeft er maar weinig over verteld, alleen dat het heel oud is. En dat ze het zelf mooi mogen maken. En dat het gratis is, dat is net zo veel als niks. Hopelijk hoeven ze dan nooit meer die vieze jam te eten.

Ze is lekker aan het fantaseren als ze opschrikt van een pieperige mannenstem.

3.
Hallóóó, waar bent u?

'Ja, hallóóó,' klinkt de pieperige stem door een kier van de coupédeur. 'Is daar iemand?'

'Wie is daar?' roept moeder terug door het volle treinstel. 'En waar bent u?'

'De conducteur hier. Ik krijg de deur niet open. Het hele treinstel staat vol met spullen.'

'Dat komt omdat wij verhuizen,' legt Zilver uit. Hij wil ook wel eens iets zeggen.

'Maar ik ben op mijn controleronde,' piept de conducteur. 'Ik ben in functie, ik moet de kaartjes controleren. Zo kan ik mijn werk toch niet doen!'

'Tja,' zegt mevrouw Houtmeer. 'Het staat hier inderdaad vol. Nog een geluk hoor, dat we niet méér spullen bij ons hadden. Dat had niet eens gepast. De treinen lijken tegenwoordig steeds kleiner te worden; fraai is het niet. Gaat u trouwens ook over de

WC
voorzichtig
sokken
Marmelade
voorzichtig
BREEKBAAR
1000 stukjes
BOEKEN
Spullen Pip
Zilver

gevonden voorwerpen? Ik ben mijn koffer vergeten, die staat nog op het perron van Duivendam.'

'Ik weet dat niet zo goed, van die gevonden voorwerpen. Ik mag alleen kaartjes controleren,' antwoordt de conducteur. 'En dat is al een hele klus, zeker als ik er niet doorheen kom. Straks krijg ik nog op mijn kop.'

'Weet u wat?' Moeder heeft wel een idee. 'Geeft u ons dat apparaat maar, dan controleren we zelf wel even onze kaartjes. Dan wordt uw baas straks niet boos op u. Waar bent u precies? Kunt u een geluid maken, zodat we u kunnen vinden? Een dierengeluid of zoiets?'

'Oehoeoeoe, oehoeoeoe,' klinkt het verderop voorzichtig.

Moeder geeft Zilver een teken dat hij de kant van het geluid op moet. Hij klimt over de sofa, onder de eettafel door, langs twee tassen met lakens en ziet dan de arm van de conducteur tussen de deur door steken, met in zijn hand het controleapparaat.

'Oehoeoeoe. Oehoeoeoeoeoe.' De conducteur gaat maar door.

Als Zilver het apparaat heeft aangepakt, controleert hij eerst zijn eigen kaartje, kruipt terug naar zijn moeder voor haar kaartje en als laatste controleert hij Pips kaartje op de wc.

'Maar hoe moet het nou verder?' jammert de

conducteur opnieuw. 'Ik moet alle mensen verderop ook nog controleren. Ik moet er toch echt door.' Hij duwt tegen de kast, maar die komt niet van zijn plaats.

Zilver weet wel raad. 'Geef mij uw pet maar,' zegt hij. 'Dan controleer ik alle andere kaartjes ook nog wel even.'

Als Zilver de pet van de conducteur op heeft, klautert hij naar de volgende treinwagon, schuift de deur open en bromt met een zo laag mogelijke stem: 'Beste reizigers, goedemiddag! Uw plaatsbewijzen alstublieft.' Zo heeft hij dat een keer op de televisie gezien.

4.

Niet zo heel vlug

De trein stopt.

'Zijn we er al?' vraagt Pip vanaf de wc.

'Nee, het duurt nog wel even, hoor,' zegt moeder.

De trein rijdt verder, en stopt dan weer.

'Zijn we er al?' vraagt Zilver, die terug is van het kaartjes controleren.

'Nog een eindje te gaan,' zegt moeder.

De trein rijdt verder, en stopt dan weer. Er stappen mensen uit de verschillende treinwagons.

Moeder gaat nu op de trein-wc zitten.

'Zijn we er?' vragen Pip en Zilver in koor. Ze hangen lekker achterover in hun bureaustoelen.

'Nog héél even geduld,' zegt moeder.

Ze stoppen nog tien, of misschien wel elf keer. Er zit haast niemand meer in de trein.

Als ze na een hele poos weer stoppen, slapen Pip

en Zilver al bijna. Maar horen ze nou heel, heel in de verte iemand zachtjes hun naam roepen?

'Pip. Zilver. We zijn er!' Het is hun moeder, die hen wakker maakt.

Ze zijn echt de allerlaatste passagiers die uitstappen.

Als Pip op het knopje drukt om de deuren te openen, horen ze door de lege trein omroepen: 'Geachte reizigers, welkom in Americka, de eindbestemming van deze trein. We hopen dat u een aangename reis hebt gehad. Vergeet u bij het verlaten van de trein uw persoonlijke bezittingen niet. Wij wensen u verder een prettige dag en bedanken u dat u met onze trein hebt gereisd.'

Ze zijn op het perron van Americka. Bijna bij hun nieuwe huis!

Maar eerst moeten alle meubels de trein uit. Opgewekt klapt moeder in haar handen en ze begint een liedje te neuriën. Dat schijnt te helpen als je iets moet doen. Zilver heeft het een keer geprobeerd toen hij stom huiswerk moest maken, maar het lukte niet. Óf hij maakte huiswerk óf hij neuriede een liedje. Toen hij het tegelijk probeerde, raakte hij een beetje in de war.

'Laten we maar snel beginnen,' zegt moeder tussen het neuriën door.

Met z'n drieën gaan ze aan de slag. De eettafel is

best zwaar en de sofa ook. Gelukkig hebben ze maar drie eetkamerstoelen mee. 'Die vierde stoel hebben we niet meer nodig,' vond moeder. 'Jullie vader is al zo lang weg, die zal niet ineens uit een boom komen vallen en zijn stoel nodig hebben.'

De grote kast is nog wel het zwaarst van allemaal. Als ze die uit de trein tillen, gaat een van de deurtjes open en valt er een plank uit. Die verdwijnt tussen de trein en het perron op het spoor. Zonde.

Pip bekijkt de meubels die ze hebben uitgeladen. 'We kunnen ook best op het perron gaan wonen,' begint ze enthousiast. 'Het is zomer. Dat is toch gezellig?'

'Wat heb jij toch altijd bijzondere ideeën,' zegt moeder. 'Maar stel je voor, elke ochtend gewekt worden door het fluitje van de conducteur in plaats van door de wekker? En waar moeten we plassen? Of koken? Nee hoor, ik vind het niet zo'n goed plan.'

Moeder stelt een korte pauze voor, van al dat sjouwen zijn ze hongerig geworden. Ze pakt de boterhammen, die ze had gesmeerd voor onderweg. Als ze met z'n allen op een bankje zijn gaan zitten, vraagt ze terwijl ze tussen de boterhammen kijkt: 'Wat mag het zijn, marmelade of marmelade?'

Beide kinderen trekken een vies gezicht. 'Jakkes,' roepen ze tegelijk, want tweelingen denken niet alleen vaak hetzelfde, ze zeggen soms ook precies hetzelfde.

Zilver vraagt zich af waarom Pip niet de doos met die vieze jam op het perron van Duivendam heeft laten staan, in plaats van de koffer met de jurken van hun moeder.

Veel meer kan hij niet denken, want hij hoort ineens iemand zeggen: ‘Wat moet dat daar?’

5.

Een toren op wielen

Op een drafje komt er een man op Pip, Zilver en hun moeder af gelopen. ‘Het is hier geen camping. Vort met die troep, dit is een keurig perron. Hier mag je geen spullen neerzetten, dat is tegen de regels!’ Hij wappert met een boekje. ‘Hier staat het in,’ hijgt hij. ‘Artikel 3, lid 4, paragraaf D van Dirk, sub 6!’

Met open mond staren de kinderen de man aan. Wat zegt hij vreemde dingen.

‘We… we zijn aan het verhuizen,’ zegt Zilver voorzichtig. ‘Maar we eten eerst even een boterham met jam. We hebben zo hard gewerkt.’

‘Een boterham met *marmelade*,’ verbetert Pip. Dat klinkt toch best chic.

‘Niks mee te maken,’ gaat de man door. ‘Ophoepelen, of ik slinger jullie op de bon!’ Hij haalt een ander boekje tevoorschijn, voor bekeuringen, en zwaait met een potlood.

'Moet dat niet met een pen?' vraagt moeder Houtmeer, rustig kauwend op een hapje brood.

'Ik mag nog niet met pen,' zegt de man, ditmaal een stuk minder daadkrachtig. Hij kijkt een beetje beteuterd. 'Maar met potlood is ook niet mis! Kijk,' hij duwt moeder het potlood onder haar neus, 'een écht vulpotlood. Daar kan toch geen pen tegenop? De koning schrijft trouwens ook met potlood, dat heb ik zelf gehoord.'

Moeder knikt vriendelijk en kijkt peinzend naar de spullen. 'Weet u wat, we ruimen de spullen nu onmiddellijk op. Dan is het maar weg en dan kunt u door met belangrijkere zaken. Maar hoe krijgen we dat nou allemaal mee?' denkt ze hardop.

Daar weet Zilver wel iets op. 'Als we nou de bureaustoelen aan elkaar binden, die hebben wieltjes. Daar zetten we de kast op en dan de eettafel ondersteboven met de stoelen daar weer op, daarna de sofa en daarbovenop de matrassen. Kleine spullen kunnen we overal tussen stoppen. Dan rijden we zo naar het nieuwe huis. Pip kan bovenop op de uitkijk zitten en de weg wijzen. Ik duw wel.' Hij legt zijn boterham even op het bankje neer. Zo heeft hij zijn handen vrij om de meubels te stapelen.

De man houdt hen nauwlettend in de gaten.

KE KEN

Als ze even later met een klein vaartje met de toren van spullen het perron af willen rijden, worden ze opnieuw tegengehouden. Wat nou weer, ze gaan toch zeker niet te hard?

'Ik moet u tegenhouden,' zegt de man. 'U krijgt een bekeuring.'

Het drietal kijkt elkaar verbaasd aan.

'Een bekeuring? Waarvoor?' vraagt Zilver.

De man buigt voorover naar Zilver. 'Uw boterham, jongeman, ligt nog op het bankje. Dat is tegen de regels. Als iedereen dat zou doen, dan wordt het een vieze boel van kleverige boterhammen. Kijk, hier staat het: artikel 7, lid 1, paragraaf H van Harriette, sub 9. Wat is uw naam?' De man opent zijn bekeuringenboekje.

'Zilver. Zilver Houtmeer, meneer. Maar ik was de boterh...'

'Houtmeer?' vraagt de man verbaasd. 'Van de nieuwe bewoners van Het Grote Oude Huis?'

'Dat zijn wij inderdaad,' zegt moeder snel.

'Ina Houtmeer en de kinderen. Zilver, en Pip natuurlijk! Mijn vrouw is Harriette, die van paragraaf H.' Hij lacht om zijn eigen grapje. 'Ze vertelde me al dat er nieuwe mensen in Het Grote Oude Huis komen wonen. En kijk, hier staat het hele gezin al voor mijn neus. Harrie zal verrast zijn. Ze had jullie volgende week pas verwacht, meen ik. Ik ben Harry. Harry Hittesun. Jullie nieuwe buurman.'

6. Houtmeer en Hittesun

Pip en Zilver kijken elkaar aan. Het is allemaal wat verwarrend, Harriette, Harrie en Harry. Hittesun, ook nog eens.

'Leuk om kennis met je te maken, Harry,' zegt mevrouw Houtmeer en ze steekt haar hand uit.

Pip en Zilver kijken opgelucht toe. Deze man is hun nieuwe buurman. Dan krijgen ze vast geen bekeuring. Het voelt alsof ze hun eerste vriend hebben gemaakt. Stel je voor, gelijk bij aankomst in hun nieuwe woonplaats al gedoe…

'U,' zegt Harry.

'U wat?' vraagt moeder.

'U zei "je" tegen mij,' legt Harry uit. 'Maar ik ben nog in functie. Dan ben ik "u", en "meneer Hittesun". Pas over…' Hij kijkt op zijn horloge. '… over drie minuten ben ik klaar met werken. Dan ben ik gewoon

Harry. En dan kunt u "je" zeggen.' Hij buigt zich weer naar Zilver toe. 'Waar was ik gebleven? O ja, Zilver Houtmeer. Jongeman, u krijgt een bekeuring voor het onbeheerd achterlaten van een boterham met jam.'

Pip, die boven op de berg spullen zit, geeft Zilver een geheim teken met drie vingers in de lucht. Zilver snapt gelijk wat zijn tweelingzus bedoelt.

'Eh... meneer Harry, gaat u ook over de gevonden voorwerpen?' vraagt hij. Boven op de stapel met meubels begint Pip intussen zachtjes te tellen.

'Nou, dat is te zeggen...' Harry kijkt heel gewichtig, '... eigenlijk niet.'

'Kom nou, in uw functie kent u vast een hoop belangrijke mensen,' vleit Zilver. 'Dat kun je, eh... kunt u zo zien. En wij zijn een koffer kwijt. Die staat nog op het perron van Duivendam. Tenminste, als niemand hem meegenomen heeft. Maar dat zal toch niet, wat denkt u? Zal iemand die gewoon meegenomen hebben of bestaan er nog eerlijke mensen, die gevonden spullen teruggeven aan de eigenaar? Er zitten allemaal kleren in van onze moeder, en...'

Harry krabt zich achter zijn oor en opent langzaam zijn bekeuringenboekje. 'Sorry nee, ik ken daar geen mensen. Nóg niet, wil ik eraan toevoegen. Ik ben verbonden aan deze regio, als het ware, maar ik sluit een promotie op korte termijn niet uit. Jullie zullen er zelf achteraan moeten gaan.'

Pip kijkt Zilver gespannen aan. Ze steekt twee vingers in de lucht. Nog twee minuten!

Zilver wappert met zijn T-shirt. 'Is het hier altijd zo warm in de zomer?' vraagt hij aan Harry.

'Nou, dat is te zeggen,' begint Harry weer, terwijl hij zijn vulpotlood pakt en op de achterkant drukt. 'Overdag schijnt wel vaak de zon, maar 's avonds meestal niet. Dan kan het best fris worden.' Er is intussen een heel klein potloodpuntje tevoorschijn gekomen. Harry bladert naar een lege pagina en likt even aan het potloodpuntje.

'Wat is dát?' roept Pip boven hen uit. Met haar hand boven haar ogen tuurt ze in de lucht.

Ze kijken alle vier omhoog.

'Is dat niet een bijzondere, bedreigde vogelsoort die daar vliegt?' vraagt ze.

'Dat, jongedame,' antwoordt Harry naar boven, 'is gewoon een houtduif. Niet bepaald een bedreigde diersoort. We zouden er hier over struikelen als ze niet zouden vliegen.'

Hij houdt zijn potlood boven het vel en wil gaan schrijven, maar dan roept Pip van boven: 'Volgens mij zijn de drie minuten nu voorbij. Je bent niet meer in functie, Harry.'

'Waarachtig,' zegt hij. Met spijt stopt hij zijn boekje weg. 'Deze keer ben je er goed vanaf gekomen, jongeman. Maar ik hou je in de gaten.'

Opgelucht rollen ze al het meubilair het perron af. Pip heeft bovenop goed uitzicht en wijst de weg. Op naar hun nieuwe huis!

7.

Het Grote Oude Huis

Het is maar een korte wandeling, of eigenlijk een korte rit, naar hun nieuwe grote oude huis. Harry moest nog even langs kantoor ‘voor de administratie’, maar ze volgen gewoon de weg die hij ze heeft gewezen. Even later staan ze dan eindelijk voor hun nieuwe grote oude huis.

Het huis is inderdaad enorm. Zilver kijkt omhoog en telt wel vijf verdiepingen, plus een zolder. Het is niet alleen enorm groot, maar ook enorm oud. De luiken hangen scheef, er zitten gaten in het dak en de schoorsteen helt onheilspellend opzij. Er zitten barsten in de muren en er groeit klimop door kapotte ramen naar binnen. De hele boel kan ook best een likje verf gebruiken.

Het huis heeft een kleine voortuin, die bijna helemaal gevuld wordt door een enorm standbeeld van een man. Het staat op een grote vierkante steen.

Pip klimt van de berg meubels naar beneden en met z'n drieën lopen ze een rondje om het beeld.

Op de steen zit een bordje met de tekst: BONNO BOL. EEN GROTE BURGEMEESTER. VOORVECHTER VAN BELANGEN EN EEN GOED MENS. Het beeld is haast net zo groot als het hele huis. De ene arm van de burgemeester wijst vooruit, de andere hangt langs zijn grote standbeeldlijf.

'Hij mist het puntje van zijn wijsvinger,' zegt Zilver.

'Dat is ooit verdwenen. Niemand weet hoe en niemand weet waar het is,' horen ze een vrouwenstem achter hen zeggen. 'Jammer hoor, zo'n mooi beeld zonder vingertopje.'

Verbaasd kijken ze om.

Bij hun tuinhek staat een dame, die haar hand naar mevrouw Houtmeer uitsteekt. 'Harriette Hittesun,' zegt ze. 'We hebben elkaar aan de telefoon gesproken. Ik woon hiernaast en kom de sleutel brengen. Ik ben een vriendin van jullie huisbaas. Ik regel alles voor hem.'

'Kent u deze burgemeester ook?' vraagt Zilver.

Pip krijgt bijna pijn in haar nek als ze naar boven kijkt. 'Hij is echt enorm.'

'Ja, ik heb hem gekend. Hij was de vader van jullie

Bonno Bol
Een grote burgemeester.
Voorvechter van

huisbaas, Benjamin Bol. En ik kan jullie wel verklappen dat, hoewel hij klein van stuk was, hij groots was in wat hij allemaal heeft betekend voor de mensen hier in Americka. Zonder hem hadden er bijvoorbeeld geen plantenbakken met geraniums op het plein gestaan. Ook heeft hij hard zijn best gedaan voor een tweede bushalte. Maar toen die er eenmaal was, werd de eerste bushalte helaas opgeheven. Hij was een geweldig goed mens en erg geliefd hier in Americka. Ik mis hem, hoor.'

Pip en Zilver kijken omhoog. 'Klein van stuk?'

'Maar kom, waar zijn mijn manieren,' zegt Harriette snel. 'Welkom in Americka, welkom in jullie nieuwe woning. Noem mij alsjeblieft gewoon bij mijn voornaam,' zegt ze tegen mevrouw Houtmeer, 'dan noem ik jou Ina, mag dat? En noemen jullie mij maar tante, hoor,' richt ze zich tot de kinderen. Tante Jet.' Daarna overhandigt ze de sleutel van het huis.

Mevrouw Houtmeer kijkt nog eens omhoog naar het huis. 'Ik had niet begrepen dat het er zó slecht aan toe is...'

Dan horen ze een luid gekraak.

8.

Wat een bouwval

‘Wat was dat?!’ vragen de kinderen in koor. Want tweelingen vragen vaak precies hetzelfde.

Het geluid leek uit het oude huis te komen. Moeder probeert snel de voordeur open te doen om op onderzoek uit te gaan, maar de sleutel past niet. Gelukkig gaat de voordeur met een zachte duw gewoon vanzelf open.

‘Vandaag of morgen maar een goed slot op deze deur zetten,’ mompelt ze. ‘Voor je het weet heb je vreemde gasten in je huis.’

Ze komen binnen in een grote hoge hal. Moeder loopt voorop, Pip en Zilver komen achter haar aan en Harriette sluit de rij. Een enorme hanglamp met vijf peertjes slingert gevaarlijk heen en weer aan het plafond en stofwolken dwarrelen vanuit het trapgat naar beneden.

‘Pas goed op, hoor,’ zegt Harriette, terwijl ze naar

de hanglamp wijst, 'dat is een duur ding. Antiek, moet je weten. Wel honderd jaar oud. Vreselijk zonde als die kapot gaat. Jullie moeten nu voor dit huis zorgen, met alles erop en eraan. Want jullie zijn de huurders, al is het dan voor gratis.'

Mevrouw Houtmeer wil antwoord geven, maar wordt overstemd door een harde knal.

'Het komt van boven,' zegt Pip. 'Laten we snel gaan kijken.' Ze stormt gelijk de trap op.

Zilver rent achter haar aan. Hij vindt het een beetje jammer dat hij niet voorop loopt. Hij is dan wel de jongste van hun twee, maar hij is ook de enige man in huis. Hij vindt dat hij de anderen moet beschermen tegen gevaar.

De treden kraken gevaarlijk onder hun voeten. Beneden roept tante Jet hun na: 'Voorzichtig op de trap, hoor! Niet rennen, niet stampen, wel oppassen en goed vasthouden aan de leuning. Er kan van alles gebeuren, het is een oud huis, hè?'

Pip en Zilver horen haar niet en rennen via de trap van verdieping naar verdieping. Ze controleren onderweg alle kamers, maar alles lijkt dik in orde. Als ze helemaal boven zijn aangekomen, hebben ze nog steeds niks bijzonders ontdekt. De trap houdt gewoon op. Boven hun hoofd zien ze nog wel een luik, dat naar de zolder leidt, maar daar kunnen ze zonder een stoel of keukentrap niet bij.

'Is alles in orde?' roept hun moeder naar boven.

'Het *lijkt* wel in orde,' roept Pip terug.

'Kijk eens uit een raam aan de voorkant van het huis,' zegt Harriette. 'Wat zien jullie?'

De tweeling loopt een kamer in en kijkt uit het raam.

'Gewoon. Dat standbeeld voor het huis natuurlijk,' zegt Zilver.

'Welk deel van het standbeeld? Zijn hoed of zijn schouders?'

Pip en Zilver rekken zich wat verder uit en kijken goed. 'We zien de bovenkant van zijn rug en zijn schouders.'

'Dan hebben we een probleempje. Komen jullie alsjeblieft snel naar beneden!' roept tante Jet verschrikt. 'Een voor een!'

De kinderen gaan om de beurt voorzichtig de trap af naar beneden.

Als ze eenmaal beneden zijn, gaat tante Jet dramatisch verder: 'Het is toch gebeurd!' Ze slaat een hand voor haar mond. 'Een hele verdieping minder, hup, ingestort. Daar hebben ze voor gewaarschuwd van de Gemeente. Maar wees gerust, het instorten gaat van boven naar beneden, dat hebben ze onderzocht. Gebruik maar zo veel mogelijk de lage verdiepingen. Gelukkig zijn jullie maar met z'n drieën en blijft er nog voldoende ruimte over. En jullie wonen hier voor gratis. Klagen bij de huisbaas heeft geen zin.'

Ze draait zich naar mevrouw Houtmeer. 'Het scheelt ook mooi in de kosten. Nu heb je een verdieping minder om op te knappen en schoon te maken.' Na deze woorden verlaat ze het huis. De lamp in de hal slingert nog steeds – hoewel nog maar heel langzaam.

'Pip, Zilver! Naar buiten. Nu!' Mevrouw Houtmeer klinkt heel streng, en dat is ze bijna nooit. 'Totdat we weten hoe het huis eraan toe is, gaan we hier niet naar binnen. Vannacht blijven we wel in de voortuin. We zullen van onze lakens een tent maken. Dat lijkt me een stuk veiliger. Morgen bekijk ik wat we moeten opknappen. Het is maar goed dat ik ons laatste beetje spaargeld heb meegenomen voor noodgevallen. Dit lijkt me er wel eentje.'

De kinderen halen lakens tevoorschijn en knopen die aan verschillende dingen vast: aan het been van het standbeeld, aan een struik en aan de takken van een boom.

Al snel hebben ze een gezellige tent gemaakt, waarin ze bij elkaar gaan zitten. De zon gaat langzaam onder en het drietal geniet van de zachte zomeravond. De tweeling moppert niet eens als hun moeder boterhammen met marmelade uitdeelt.

In de verte klinkt een kerkklok. Buiten is het donker geworden. Pip en Zilver gaan tegelijk liggen en moeten tegelijk gapen. Hun ogen vallen bijna dicht.

Ze.
Zijn.
Moe.
Misschien dromen ze zelfs al.
Of staat er echt een meisje bij hun tuinhek?

9. Een (lege) winkel vol

Na een lange nacht, waarin Pip en Zilver dromen over verhuizingen, bekeuringen en een meisje in de tuin, worden ze wakker. De zon schijnt en de vogels fluiten vrolijke liedjes.

Moeder loopt het huis in en uit met een schrift in haar hand, waar ze van alles in opschrijft. Ze horen haar mompelen. '*Mompel,* schoonmaakmiddel, potten witte verf, roller. *Mompeldemompel,* spons, blauw en roze, nee, groen en geel. *Mompeldemompel,* kwast, emmer, dweil. *Mompel,* schuurpapier, wc-papier. *Mompel,* deurslot. Klaar!'

Ze roept Pip en Zilver. 'Als jullie nou in het dorp deze spullen kopen, dan kunnen jullie gelijk de nieuwe buurt leren kennen. Er schijnt maar één winkel te zijn, hopelijk hebben ze er het een en ander. Vanmiddag kunnen jullie beginnen met het opknappen van jullie kamer. Ik ben een paar keer naar binnen geweest, volgens mij is het wel weer veilig.'

De twee kijken naar de lijst. Er staat best veel op. Langs het standbeeld lopen ze de voortuin uit.

Pip draait zich bij het hek even om en kijkt goed om zich heen. Ze heeft het gevoel dat er iemand naar haar staat te kijken. Het zal wel zijn omdat ze deze omgeving nog niet kent. Alles is nieuw, ze moet natuurlijk overal nog aan wennen.

Onderweg naar het dorp komen ze niemand tegen.

'Er wonen wel erg weinig mensen in Americka,' zegt Zilver. 'Wat denk jij? Zouden hier wel kinderen zijn om mee te spelen? We hebben nog schoolvakantie.'

Pip haalt haar schouders op. Zij weet het ook niet, maar ze zou dolgraag met een groepje kinderen een potje willen voetballen.

Op het plein midden in Americka zien ze grote bakken met bloeiende geraniums in alle tinten rood. Daarachter, aan de overkant van het plein, is een winkel. Op het raam staat in witte letters: MiniMart, en daaronder: (voor alles). Op een groot zwart bord voor de deur zijn in grote letters de woorden Aanbiedingen van de Dag geschreven. En daaronder: vandaag niet. Zo te zien staat dat bord er al heel lang. Zon en regen hebben de letters bijna weggevaagd.

Als ze de winkeldeur open duwen, klinkt er een

vrolijk belletje. Binnen kijken ze hun ogen uit. Er staan allemaal stellingen langs de wand. Er zijn rekken voor tijdschriften en ansichtkaarten, bakken voor plattegronden van de omgeving, er is een koeling voor melk en frisdrank, een kast voor brood, een rek voor tuingereedschap, er zijn kistjes voor naaigerei en op de toonbank staat een doos voor chocoladerepen. Heel hoog, zodat kinderen er niet bij kunnen, staat ook nog een wijnrek. Alleen het gekke is...

'Alles is leeg,' zeggen Pip en Zilver in koor.

Helemaal achter in de winkel gaat er een deur open en de gestalte van een lange, oude man verschijnt. Hoe dichterbij hij komt, hoe groter en ouder hij lijkt te worden.

'*Goedemoergen,* kinderen,' zegt hij vriendelijk als hij voor hen staat. 'Ik *bien* Mart.'

Zilver stoot zijn zus aan. 'Niet bepaald mini-Mart, als je het mij vraagt,' fluistert hij.

Pip probeert haar lachen in te houden.

'Jullie denken *natuurliek*: die praat *vriemd*! Klopt! Ik *bien* de laatste van hier die *noeg* de taal van hier *spriekt*.'

Het zijn wel én niet rare woorden. Ze snappen het wel, maar toch klinkt het anders.

Zilver probeert het ook. 'We moeten deze, eh... *diengen* kopen van onze moeder.'

'Maar zo te zien is alles op,' zegt Pip, die er niet over

GROENTE
FRIS
KASSA→
DIERVOEDING ⇒
BROOD
GEBAK
ACHTER
50%

piekert om een andere taal te proberen.

'Dat dachten jullie, maar kom eens *mie* naar *aachteren*. Maar mondje dicht, het is *gehiem*.'

Grote Mart van de MiniMart beent weg door de lege winkel naar de deur achterin, waar hij net vandaan kwam. De kinderen kunnen hem nauwelijks bijhouden. Ze zijn benieuwd wat er achter die deur is.

10.
Ssst. Gehiem!!!

De monden van Pip en Zilver vallen tegelijk open als ze de deur door zijn. Achter in de winkel is er een enorme ruimte die helemaal vol staat met spullen. Kaas, toiletpapier, schriften, schoenen, glazen, mixers, stoelen, mutsen, planten, tapijten, hondenbrokken, echt alles wat je maar kunt bedenken staat er uitgestald. Er is zelfs een aquarium met goudvissen erin.

'Waarom…' begint Pip. 'Waarom staan al deze spullen niet in de winkel? Daar heb je toch juist een winkel voor?'

'Ssst! Niet zo hard! Het is *gehiem*!' Mart kijkt snel om zich heen of iemand het gehoord heeft. 'Het is vanwege de *suubsiedie*.'

'De wat?' vraagt Zilver.

'Willen jullie de *laange* of de *koerte* versie?' vraagt Mart.

‘Doe de korte maar,’ zegt Pip vlug. Ze is graag met grote stappen snel thuis.

‘Lang *gelieden*,’ Mart zwaait met zijn arm naar achteren, alsof die arm helemaal naar vroeger toe moet, ‘toen ik *noeg* een kleine Mart was, waren er hier allemaal aparte *doerpen*.’ Hij telt ze op zijn vingers: ‘Knock, Enter, Kortebroeck en Dichtewoude. En *iederien* deed hier in Americka de *boedschappen*.’

‘Fijn toch,’ zegt Pip een beetje ongeduldig. ‘Ik snap alleen dat van die *suubsiedie* nog niet. Wat is dat precies?’

Mart geeft geen antwoord op haar vraag en gaat rustig verder met zijn verhaal. ‘Maar de mensen *giengen* allemaal in de grote stad *woenen*, weg van Americka, weg van de kleine *doerpen*. Het was hier te klein *gewoerden* voor ze! Ik had zodoende geen *klandiezie* meer, ik kon geen *boeterham* verdienen aan de paar mensen die hier nog *woenden*.’

‘Maar uw winkel is er toch *noeg*,’ zegt Zilver. Hij hoopt dat hij het juiste woord heeft gebruikt.

‘Op een dag zei ik tegen *miezelf*: Mart jongen, *tied* om de deuren te *sluuten*. Maar dat wilde de *buurgemeester* niet. Een *doerp* zonder winkel heeft geen hart. Ja, dat zei die.’

‘Daar zit wat in,’ zegt Pip. ‘Waar moeten de mensen die er nog wel zijn anders hun spullen kopen?’

‘Van de *Gemiente* gaven ze me geld om de *wienkel*

open te houden. Dat heet dus *suubsiedie*. Maar dan mocht ik *nieks* meer verkopen, want dan had ik die *suubsidie* misschien niet *noedig*.’ Samenzweerderig komt Mart wat dichter bij de tweeling. ‘Dus, als ik spullen *verkoep*, dan krijg ik dat geld niet *mier*. Mijn winkel lijkt dan wel leeg, maar ik *verkoep* alles onder de *toenbank*.’

Zilver kijkt door de deur van het magazijn de winkel in, naar de toonbank. Hij ziet niets bijzonders. Misschien heeft hij het toch verkeerd begrepen?

‘Bent u niet bang dat iemand ontdekt dat u nog van alles stiekem verkoopt?’ vraagt Pip.

‘Welnee. Het is toch een *gehiem?*’ Mart klapt vrolijk in zijn handen. ‘Kom, niet langer kletsen. Laat eens *kieken* wat er op jullie *boedschappenliesje* staat.’

Samen met Mart lopen ze het lijstje van hun moeder af. Gelukkig is alles er en loopt de tweeling een halfuurtje later ieder met twee grote tassen vol geheime spullen de winkel uit.

Mart kijkt ze na. ‘Hoe *hieten* jullie eigenlijk?’ vraagt hij.

‘*Piep*,’ zegt Pip, die het toch wel eens wil proberen.

‘En *Zielver*,’ zegt Zilver.

‘En waar *woenen* jullie?’

‘In het *Groete* Oude *Huus*,’ zeggen de twee tegelijkertijd.

11.
Heb je Harry weer

Onderweg naar huis komen ze weer niemand tegen. Tenminste…

'Zeg,' Pip stoot met haar arm haar broer aan, 'het lijkt wel alsof er iemand achter ons loopt. Voel jij dat ook?'

Haar broer knikt. Hij voelde het ook, maar durfde niks te zeggen. Straks denkt zijn zus nog dat hij gek geworden is. Maar nu ze erover begint, geeft hij het wel toe. 'Gisteravond, toen we buiten gingen slapen, dacht ik dat ik een meisje in een wit jurkje in de tuin zag staan. Maar het leek ook alsof ik dwars door haar heen kon kijken.'

'Ja,' zegt Pip, 'dat zag ik ook. En toen we net naar de winkel gingen, dacht ik dat ik haar weer in de tuin zag staan. Het is net alsof ze ons steeds volgt.'

'Waarom komt ze niet gewoon even naar ons toe?' vraagt Zilver zich hardop af.

Pip denkt na. 'Misschien is ze een beetje verlegen. Die meisjes bestaan ook.'

Ze stoppen met praten, want de tassen met verf en kwasten en emmers zijn te zwaar om tegelijk te lopen, te tillen en ook nog te praten.

Als ze thuiskomen is het precies een paar minuten voor lunchtijd. Van het sjouwen hebben ze best trek gekregen.

Bij het tuinhek staat Harry. Ze zien hem in zijn jaszak voelen, zijn boek met regels en zijn bonnenboekje tevoorschijn toveren en aan zijn potlood likken. Wat nu weer?

'Ja, hallooo,' roept hij naar hun moeder, die in huis bezig is. 'Dit kán zo toch niet, dit is verboden!'

'Ah,' zegt moeder als ze met een handdoek in haar handen naar buiten komt. 'Mijn nieuwe vriend, Harry. Wat heb ik nu weer verkeerd gedaan?'

'Ik ben in functie en ik kan deze rommel niet toestaan.' Hij wijst naar de lakens, die nog in de tuin hangen en waar ze vannacht onder hebben geslapen. 'Als iedereen dit doet, wordt het een rommeltje. Hier staat het in mijn boekje: artikel 26, lid 5, paragraaf A van Americka, sub 12. Ik zal u moeten bekeuren.'

Pip en Zilver verbergen de boodschappen achter hun rug en lopen snel naar hem toe. 'Dag, Harry,' zeggen ze heel beleefd.

'Wat een prachtige dag, hè?' Zilver wijst naar de lucht.

'We hebben het dorp even bekeken en een mooie wandeling gemaakt,' vertelt zijn zus.

'En we hebben niks gekocht. Helemaal niks. Ook niet bij de MiniMart. Want die is leeg.'

Zou Harry aan hen kunnen zien dat ze niet helemaal de waarheid vertellen?

Moeder krijgt door waar de twee mee bezig zijn. 'Hebt u eigenlijk al geluncht?' vraagt ze aan Harry.

Die schudt zijn hoofd en bladert in zijn bekeuringenboekje naar een lege bladzijde. De tweeling is intussen bezig de lakens los te maken en op te ruimen.

'Wilt u niet gezellig een boterhammetje mee-eten?' vraagt moeder. 'We hebben heerlijke marmelade, het laatste restje dat we uit Duivendam hebben meegenomen. Heel luxe, hoor!'

Harry twijfelt net even te lang. In de verte horen ze de kerkklok twaalf uur slaan. Nu heeft hij pauze en kan hij geen bekeuring geven. Maar dat hoeft ook niet. Pip en Zilver hebben de boodschappentassen in de tussentijd verborgen onder de opgevouwen lakens en Harry loopt zijn neus achterna, de voortuin in. 'Heerlijk, ik ruik de marmelade al! Dat is broodbeleg en fruit ineen. Dat is een geweldig slimme uitvinding, waar ik echt dol op ben.'

'Harry,' zegt mevrouw Houtmeer, 'neem jij maar de grootste boterham met een lekkere dikke laag

marmelade. Jij bent onze gast. Dat vinden de kinderen vast niet erg.'

Pip en Zilver kijken alsof ze het heel jammer vinden, maar hoe meer hij van de vieze jam eet, hoe eerder die op is.

12.

Samen klussen

Na de lunch stuurt mevrouw Houtmeer de tweeling naar binnen. ‘Ik heb vanmorgen de eerste verdieping een beetje opgeruimd. Daar zijn twee kamers, die allebei even groot zijn. Dus geen geruzie over wie welke krijgt; het maakt niks uit. Hooguit dat de ene links en de andere rechts naast de trap is. Er zijn ook een douche en een wc. Mijn slaapkamer is een verdieping hoger.’

De tweeling staat klaar om met de verfspullen naar binnen te rennen, maar hun moeder is nog niet klaar. ‘Ik zeg dit maar één keer: alle verdiepingen boven die van mij zijn vanaf nu verboden gebied! Als er iets instort, willen we geen gewonden. Begrepen?’

Pip en Zilver beloven dat ze natuurlijk en uiteraard niet verder zullen gaan dan ze mogen. Als hun moeder zegt dat het gevaarlijk is, dan is dat zo.

Pip houdt heel erg van klussen en in een mum van tijd heeft ze al een muur van haar kamer geschilderd. Helemaal geel, en dan ook echt knalgeel.

Zilver is nog bezig om met tape de randjes langs de plinten en ramen af te plakken. Hij is niet zo handig als zijn zus.

Pip steekt haar hoofd bij hem om de hoek en vraagt of het gaat.

Moedeloos staat Zilver midden in zijn nieuwe kamer, met stukken tape aan zijn handen gekleefd en zijn haren in de war. ‘Niet echt. Echt niet, eigenlijk.’

Gelukkig redt moeder hem. Ze roept naar boven of een van beiden kan helpen in de keuken.

En weg is Zilver.

Pip belooft hem dat ze zíjn muur ook zal schilderen. En de rest, als ze toch bezig is. Eerst de twee plafonds maar eens witten, denkt ze. Ze stapelt wat verhuisdozen en spullen op elkaar, zodat ze precies bij het plafond kan. Vrolijk doopt ze haar roller in een grote pot witte verf en begint te neuriën. Dat schijnt te helpen als je iets moet doen.

Zilver helpt intussen zijn moeder met het schoonmaken van de keuken. Het fornuis heeft duidelijk al in geen tijden een schuursponsje gezien, de vloer geen dweil, de ramen geen zeem en de kasten geen stofdoek.

‘Volgens mij liggen er muizenkeutels op de grond,’

klaagt moeder. Ze trekt er een vies gezicht bij.

Zilver pakt een bezem en begint de vloer te vegen. Hij neuriet er zelfs een liedje bij. Neuriën en bezemen gaat prima tegelijk, merkt hij. Daarna dweilt hij de vloer tot die blinkt, lapt de ramen tot hij zichzelf erin kan zien en stoft hij de kasten uit.

Moeder doet mee en noteert in haar schrift welke ramen er kapot zijn en wat er nog allemaal gekocht moet worden. 'Die MiniMart, kun je daar ook nieuwe ramen kopen?' vraagt ze aan Zilver.

Zilver weet niet zo goed wat hij moet antwoorden. Het is natuurlijk een geheim, maar ze hadden er wel alle andere boodschappen gekocht. Hij moet op zijn woorden letten. 'Laat dat maar aan Pip en mij over. Wij gaan morgen wel,' zegt hij slim.

Na uren boenen, opruimen, verven en schuiven met meubels is de boel eindelijk een beetje aan kant. De eettafel met de drie stoelen staat midden in de keuken.

In de verte horen ze de kerkklok zes uur slaan.

Mevrouw Houtmeer schrikt op. 'Ik ben helemaal vergeten om avondeten te maken.' Ze staat nog te piekeren als ze bij het tuinhek Harriette zien staan. Die roept iets en mevrouw Houtmeer steekt haar hoofd door het keukenraam waar geen raam in zit. 'Wat zeg je? Wat voor potje?'

'Stoofpotje!' roept Harriette terug. 'Ik heb een

lekker stoofpotje voor jullie. Met draadjesvlees.' Ze houdt een pannetje omhoog, met een theedoek er omheen geknoopt. 'Het is nog warm.'

'Wat lief van je,' zegt mevrouw Houtmeer. 'Het is zo fijn dat ik al een vriendin heb hier in Americka. Een stoofpotje, toe maar. Wil je even binnenkomen?' Ze wenkt de buurvrouw.

'Wat vind je van de keuken? Het was wel vies, maar met de hulp van een kabouter is het al best op orde.'

Zilver voelt zijn wangen kleuren. Hij is natuurlijk die kabouter.

Harriette fluit goedkeurend en kijkt haar ogen uit. Ze snuffelt in alle hoeken en gaatjes, en gaat met haar vingers langs randjes. 'Nog iets bijzonders gevonden tijdens het opruimen?' vraagt ze. 'Oude sleutels, of zoiets?'

'Alleen maar rommel en troep,' zegt mevrouw Houtmeer. 'We hebben alles in de grote bak in de tuin gegooid. Wanneer komt de vuilniswagen?'

'Morgenochtend. Maar ik moet snel naar Harry, want die moet ook nog eten.' Ineens haast Harriette zich de deur uit.

Mevrouw Houtmeer kijkt haar verbaasd na. 'Wat rent die er nou plotseling vandoor. Heb ik soms iets verkeerds gezegd?'

13. Geluiden in de nacht

’S Avonds helpt moeder met de bedden opmaken. De kamers van de tweeling zijn nog lang niet klaar, maar ze kunnen er al wel slapen.

‘Mag Pip vanavond bij mij slapen?’ vraagt Zilver. ‘Dan kan ik een beetje op haar passen. Het is allemaal nog zo nieuw. We kennen dit oude huis en de nieuwe geluiden nog niet.’

Moeder vindt het goed en hoewel ze de bedden al netjes had opgemaakt, slepen ze de matras van Pip naar de kamer van Zilver.

Eindelijk liggen ze in bed, in hun nieuwe huis, in hun nieuwe kamer. Ze zijn heel moe.

‘Slaap lekker, *Pilver.*’ Ze zeggen het precies tegelijk. Ze draaien zich om en trekken de lakens over zich heen. Maar ze kunnen nog lang niet slapen. Er zijn zo veel onbekende geluiden te horen in en om het huis.

'Pssst, Pip,' fluistert Zilver. 'Slaap je al?'

'Nee en ja,' antwoordt zijn zus.

'Hoe kan dat nou? Of je slaapt, of je bent wakker.'

'Ik slaap een beetje, maar ben ook nog een beetje wakker. Het is iets er tussenin.'

'Hoor je die geluiden in de tuin?'

Pip hoort het ook.

'Zullen we kijken?' vraagt Zilver voorzichtig. Hij wil zijn bed uit stappen, maar Pip is net iets sneller en staat al bij het raam.

Samen kijken ze naar buiten. Ze zien een donkere tuin, met schaduwen van de boom en van het standbeeld. Beweegt daar nou iets aan de zijkant?

'Het lijkt wel dat meisje,' zegt Zilver.

En inderdaad, in de tuin staat het meisje in haar witte jurkje. Ze maakt een gebaar.

'Snap jij wat ze wil?' vraagt Zilver.

Pip heeft geen idee. Het lijkt wel of dat meisje hun iets duidelijk wil maken. Ze maakt wilde bewegingen met haar armen, alsof ze iets wil uitbeelden.

Pip doet het raam voorzichtig open. 'Iets met sop?'

'Ehm... Of iets met een jas?'

'Ik begrijp er echt helemaal niks van.' En net als Pip uit het raam naar het meisje wil roepen wat ze nou wil, doet die een vinger voor haar mond. Pip slikt nog net op tijd haar woorden in. Moet ze stil zijn?

Plotseling horen ze in de hoek van de tuin gerommel.

Het komt uit de buurt van de vuilnisbak. Zou er soms een kat zitten, of een zwerfhond? Een rat? Dan klinkt het alsof iemand het deksel van de vuilnisemmer optilt. Of misschien is het wel die kat of die hond of die rat.

Weer maakt het meisje gebaren.

'Dicht. Boven. Over?' raadt Pip zachtjes.

'Bovenop? Op?' vraagt Zilver, ook zachtjes. 'Is het soms 'op'?'

Het meisje knikt.

Ja, het ene woord is 'op'. Dan raden ze verder voor het tweede woord.

Het meisje maakt grote stappen, heen en weer.

'Lopen. Voetstappen. Stappen. Passen. Pas?' raadt Pip.

Opnieuw knikt het meisje.

Ja. Het andere woord is 'pas'.

Het meisje maakt bewegingen met haar handen.

Moeten ze de woorden aan elkaar plakken? Samen raden ze verder.

'Op-pas?' gokt Zilver, maar nu schudt het meisje nee.

'Pas-op dan! Dat klinkt als een waarschuwing,' zegt Pip.

Verschrikt kijkt de tweeling elkaar aan. Maar ze hebben geen tijd om elkaar aan te kijken, want opnieuw worden ze opgeschrikt. Met veel kabaal rolt het deksel van de vuilnisemmer door de tuin. Gelijk daarna zien ze de schimmen van twee mensen hard wegrennen.

Waren dat nou…?

Nee, dat kan niet.

Of toch…?

Als ze weer naar de hoek van de tuin kijken, is het meisje verdwenen. Alles is rustig. Het is net alsof ze het allemaal gedroomd hebben.

14.
Inschrijven (1)

De volgende dag denken Pip en Zilver niet meer aan de gebeurtenissen in de tuin. Er moet zo veel gebeuren. Ze moeten klussen: er moet een slot op de deur worden gemaakt, er moet geschilderd, nog meer schoongemaakt en nog meer opgeruimd worden. En er moeten een paar nieuwe ramen in het huis worden gezet.

Terwijl Pip heel handig met allerlei gereedschap in de weer is, helpt Zilver hun moeder met de inrichting. Hoe zullen ze de tafel zetten? Waar komt de sofa, waar de kast? Onder in een keukenkastje heeft Zilver een paar oude schilderijtjes gevonden, die hij ophangt. En zo, langzaam maar zeker, wordt dit grote, oude huis hún huis.

Harriette komt nieuwsgierig kijken, hoewel ze zegt dat ze komt om het lege pannetje van gisteren op te halen. En ze brengt gelijk een nieuw stoofpotje met draadjesvlees. Het aanbod van mevrouw Houtmeer om de pan eerst af te wassen, wuift ze weg. ‘Dat doe ik met plezier voor jullie.’ Ze strijkt Zilver over zijn haar. ‘En, heb jij nog iets bijzonders gevonden?’

Zilver wijst op de schilderijtjes, maar dat bedoelt ze kennelijk niet.

Ook Harry komt langs om te kijken. Hij vindt het allemaal heel mooi geworden. ‘Prachtig, prachtig,’ zegt hij, terwijl hij door de kamer en de keuken loopt. Gelukkig hebben ze niks gedaan waar ze een bekeuring voor kunnen krijgen.

Na een heel weekend klussen en stoofpotjes met draadjesvlees eten, breekt de maandag aan. Pip en Zilver komen net de trap af als hun moeder de laatste pot marmelade opendraait.

‘Goedemorgen, zonnestraaltjes,’ zegt ze vrolijk.

Zilver geeft haar een kus, maar Pip heeft een beetje een ochtendhumeur. Ze ploft neer op een stoel en kijkt naar de pot marmelade die op tafel staat. ‘Niet weer, hè? Voor hoelang hebben we nog?’

Moeder wijst op de pot. ‘Dit is de laatste.’ Ze smeert een dikke laag marmelade op haar boterham. ‘Ik moet vandaag naar het Gemeentehuis om ons in te schrijven als nieuwe bewoners van Americka. Wisten jullie dat de vier kleine dorpen Knock, Enter, Kortebroeck en Dichtewoude samen met Americka jaren geleden één groot Americka zijn geworden? Ze noemen het daarom hier ook wel de Verenigde Dorpen van Americka. Er is alleen één probleem: er is nog maar één Gemeentehuis. En dat is natuurlijk niet hier. Nee, stel je voor, dat zou veel te makkelijk zijn. In plaats daarvan moet ik helemaal naar de dorpskern van Enter. Het is te gek voor woorden! Maar ik moet ons wel inschrijven, omdat we hier nu wonen.'

'Duurt dat lang?' vraagt Pip.

'Ik denk het niet. Op en neer naar twee dorpjes verderop, hoelang kan dat nou duren? Ik ben vast voor het eten terug. Ik zal Harriette bellen als er iets is.' Ze zegt dat de kinderen maar lekker verder moeten gaan met het schilderen van hun kamers. Ze kunnen natuurlijk ook even in de tuin spelen, ze hebben tenslotte nog gewoon zomervakantie. Ze mogen alleen de tuin niet uit en al helemaal niet met vreemde mensen praten.

'Maar laatst mochten we samen helemaal naar de winkel,' klaagt Zilver.

'Toen was ik in de buurt,' zegt moeder. 'En vandaag niet.'

Even later staat mevrouw Houtmeer klaar voor vertrek. Op haar hoofd heeft ze een vrolijk zonnehoedje, waar haar haren onderuit wapperen. In haar hand heeft ze een tasje met haar telefoon en een envelop met de routebeschrijving naar twee dorpen verderop. Ze heeft Harriette gevraagd om het voor haar op te schrijven. Het lijkt wel een speurtocht:

loop naar de bushalte bij de Markt
(tegenover de MiniMart).
wacht op een bus
(komt maar één keer per uur).
neem de eerste bus die je ziet
(er komt geen andere dat uur).
blijf zitten tot de derde
dorpskern
(in Knock stopt de bus
alleen op dinsdag en
donderdag)
(en op zaterdag als er
geen markt is)
(in Enter is geen halte!).
stap uit en loop langs de
bloemenwinkel
(zijstraat van de
markt).
bel een taxi
(doe ze de groeten van mij).
ga met de taxi een
dorpskern terug
(dat is dan Enter).

stap uit bij het politiebureau.
loop in zuidelijke richting door het
wandelgebied
(daar mag je niet rijden).
in de verte zie je een kerk
(van Dichtewoude – heel ver weg).
ga dan naar links.
vraag daar de weg verder, je bent
vlakbij.
(terugweg: in omgekeerde volgorde!)

Moeder vraagt zich alleen af of ze nou de groeten moet doen aan de bloemenwinkel of aan de taxichauffeur. Voor de zekerheid zal ze het aan allebei doen.

15.
Verplicht logeren

De tweeling is alleen. Het is maar tot in de middag, dat kunnen ze best. Vroeger in Duivendam waren ze ook wel eens een paar uurtjes alleen. En ze zijn intussen al wat ouder. Eerst gaan ze verder met het schilderen van hun kamers. De kamer van Pip is vrolijk geel en Zilver houdt het op groen.

'Bij jou is het zó groen, het lijkt wel een weiland,' zegt Pip plagerig tegen haar broer.

'En bij jou is het zó geel, het lijkt wel een bak vanillevla,' zegt Zilver tegen zijn zus.

'Boeoeoe, jij bent een koe.' Pip schatert het uit.

'En jij, jij bent...' Maar Zilver weet niks te bedenken met vanillevla.

Ze horen zacht gestommel beneden. Zou hun moeder nu al terug zijn?

'Joehoe!' klinkt het voorzichtig.

Ze weten gelijk wie daar is: tante Jet. Toch niet weer met een stoofpotje? Het komt Pip en Zilver een beetje de neus uit, stoofpotjes in de zomer. Ze verlangen zo langzamerhand naar een bord sla met komkommer.

De kinderen lopen zachtjes naar beneden en inderdaad, in de keuken staat Harriette. Maar die heeft de twee niet in de gaten, ze is veel te druk bezig in alle kastjes te snuffelen.

'Dag, tante Jet!' roept de tweeling heel hard in koor.

Ze draait zich verschrikt om en begint te stamelen. 'Pan. Zoek. Stoofvlees. Kwijt. Deksel. Gevonden?'

'Nee, wij hebben niks gevonden,' antwoordt Pip. Wat doet die vrouw soms toch vreemd.

Tante Jet probeert weer normaal te doen. 'Ik dacht, misschien is het beter als jullie bij ons komen wachten tot jullie moeder er is? Ik vind het maar niks hoor, twee kinderen zo alleen in dit grote oude huis. Onverantwoord zelfs.'

Maar daar willen de twee niets van weten. Ze zeggen tegen tante Jet dat ze liever klusjes doen om hun moeder te verrassen als ze thuiskomt. Er moet nog een raampje in de wc worden gerepareerd, ze moeten het slot op de deur nog vervangen en de tuin kan ook wel een opknapbeurt gebruiken.

Tante Jet druipt af, maar waarschuwt hen nog wel. Ze zal Harry vragen of er iets in de wet staat over kinderen die alleen thuis zijn. Misschien moet hij ze wel een bekeuring geven. Ze steekt een beetje dreigend een vinger op. 'Tenzij jullie straks braaf met mij mee komen.'

'Wat is dat toch een gek mens,' zegt Pip. 'Kom, we gaan de tuin doen. Het is zomer, de zon schijnt. Binnen zitten kan altijd nog.'

De hele middag zijn ze druk bezig in de tuin. Pip snoeit een struik, Zilver breekt de takjes in stukjes en doet die in de groenbak. Pip zaagt kleine takken van een boom af en Zilver stapelt ze keurig op naast de schuur bij het hout voor de haard.

Het wordt later en later. De zon gaat al een beetje onder, maar hun moeder is nog niet terug.

Harry is al drie keer langs de coniferen in zijn tuin gelopen om ze in de gaten te houden, maar kennelijk staat er niets in de wet dat verbiedt dat kinderen alleen thuis zijn overdag, of alleen in de tuin werken. Maar als eindelijk de zon helemaal onder is, wordt het vast een ander verhaal.

En ja hoor, natuurlijk staat tante Jet meteen weer op de stoep. Niet vrolijk met een pannetje stoof, nee: ze kijkt heel streng. En ze heeft versterking meegenomen, want Harry staat achter haar. 'In jullie eentje 's nachts in dat huis, daar komt in ieder geval niets van in. Jullie komen met tante Jet mee. Pak je pyjama en je tandenborstel maar, tante Jet wacht hier op jullie.'

‘Precies,’ voegt Harry eraan toe en hij wappert met zijn boekje. ‘Hier staat dat kinderen ’s nachts niet alleen thuis mogen zijn. Of dat overdag ook niet mag, daar kon ik niets over vinden.’

‘We vinden het ook gezellig, hoor. Ik ben dol op kinderen,’ zegt tante Jet een beetje vriendelijker. ‘Wij hebben zelf helaas geen kinderen, daarom doe ik een cursus kinderopvang. Ik weet alles van opvoeden. En ik heb met jullie moeder afgesproken dat als ze nieuws heeft ze ons kan bellen.’

Even later loopt de tweeling braaf mee naar het huis van Harriette en Harry. Maar ze vragen zich wel af waar hun moeder eigenlijk is.

16.
Heel veel rotklusjes

Pip en Zilver mogen in een groot bed op de zolder van tante Jet en Harry slapen. Ze zijn gewassen, hebben hun pyjama aan, maar zijn klaarwakker. Slapen lukt niet. Ze kijken naar het plafond en vragen zich af waar hun moeder nou is. Eerst verdween hun vader en nu is hun moeder ook foetsie. Zou zij ook niet meer terugkomen? Ze proberen heel hard niet aan dat vreselijke idee te denken. Pas na heel lang draaien en woelen vallen ze allebei, precies tegelijk, in slaap.

De volgende ochtend heeft tante Jet nieuws. Veel nieuws! Ten eerste (ze steekt een vinger omhoog) heeft hun moeder gisteravond gebeld. Ze is een beetje verstrikt geraakt in het Openbaar Vervoer, dus het kan even duren voor ze thuis is. Maar ze hoeven zich geen zorgen te maken.

Ten tweede (nog een vinger omhoog), mag de tweeling, zolang hun moeder er niet is, bij tante Jet blijven. Ze legt een grote map met allemaal papieren erin op de salontafel. Pip en Zilver kunnen ondersteboven lezen wat erop staat:

OPVOEDEN DOE JE ZO, HANDLEIDING IN DRIE STAPPEN

Tante Jet doet de map open en legt uit dat de kinderen stickers kunnen verdienen met klusjes doen. Als ze een stickervel vol hebben, krijgen ze een beloning. 'Zo werkt opvoeden namelijk,' zegt ze en ze klopt op de map. 'Het staat allemaal hierin.'

Tante Jet heeft alle klusjes op een lange lijst geschreven. Er moet een hoop gedaan worden: de afwas, stofzuigen, ramen zemen, wc schoonmaken, ontbijtboel opruimen, bedden opmaken en de was opvouwen. Zachtjes mopperend gaan Pip en Zilver aan de slag. Gelukkig vindt tante Jet strijken nog iets te gevaarlijk voor de kinderen, met die hete stoom.

'Doen die twee zelf nooit iets of zo?!' vraagt Pip aan Zilver, die het ook niet weet. Haar gezicht ziet rood van boosheid. Ze hebben vakantie en ze wil veel liever buitenspelen met haar broer!

Bijna de hele dag zijn ze bezig, ze verdienen sticker na sticker. Voor sommige klusjes krijgen ze zelfs twee stickers: als het ingewikkeld is, of zwaar, of heel vervelend. 's Avonds zijn ze zo moe dat ze na het eten (drie keer raden: stoofpotje met draadjesvlees) zonder te klagen uit zichzelf naar bed gaan.

Als Pip en Zilver de trap op lopen om te gaan slapen, hoort Zilver een kleine snik. Hij kijkt even om en ziet dat tante Jet met een zakdoekje haar ogen droog veegt. Ze ziet Zilver kijken en lacht naar hem door haar tranen heen.

'Ben je verdrietig, tante Jet?'

'Och, welnee jongen,' antwoordt ze. 'Ik ben gelukkig. Ik hou zo van opvoeden en nu heb ik in één keer twee kinderen om voor te zorgen. Het zijn blije tranen.'

Halverwege de volgende dag zijn hun stickervellen vol. Tante Jet heeft twee mededelingen. Ten eerste (ze doet een vinger omhoog) heeft moeder weer gebeld. Ze was in de verkeerde bus gestapt en de chauffeur had haar niet gewaarschuwd. Bovendien bleek er een bushalte verdwenen te zijn, dus kon de bus niet stoppen. Die reed gewoon door naar de dorpskern van Dichtewoude en daar was niemand die wist wanneer er een bus zou komen om terug te gaan. Maar ze hoeven zich geen zorgen te maken; ze heeft in een klein hotel geslapen, dat gelukkig heel goedkoop was.

De tweede mededeling (tante Jet doet nog een vinger omhoog): ze mogen buitenspelen! Ze mogen wel twee hele uren genieten van hun vakantie.

Pip en Zilver gaan naar buiten, de tuin in, die precies naast de tuin van hun eigen huis ligt. Tussen de twee tuinen in staat een enorme rij coniferen als grens.

'Tot daar, en geen centimeter verder! Horen jullie?' zegt tante Jet streng als ze naar de coniferen wijst.

Pip en Zilver zuchten. Ze hopen dat er snel een bus komt die hun moeder veilig thuis brengt.

17.

Verstoppertje met een verrassing

Pip en Zilver doen tikkertje. En ze gooien over met een grote opblaasbal. Ze rennen rondjes door de tuin. Af en toe stoppen ze voor een slok limonade. En hup! Daar gaat de bal weer. Ze gooien van hoek naar hoek en rennen van de ene kant van de tuin naar de andere kant.

'Weet je wat ook leuk is?' vraagt Zilver. 'Verstoppertje spelen. Daar is deze tuin groot genoeg voor.'

'Goed,' zegt Pip. 'Doe jij je ogen maar dicht, dan verstop ik me als eerste.'

Zilver gaat met zijn gezicht naar de muur van het huis staan, doet zijn ogen dicht en begint te tellen. Na 'tien!' doet hij zijn ogen open en kijkt om zich heen. Beweegt daar iets in de struiken? Zit Pip achter de vuilnisbak, of achter de groenbak, de papierbak, de plasticbak, de glasbak, de gft-bak of de kartonbak? Of achter het muurtje waar de fietsen staan? Naast de berg hout voor de haard? Hij zoekt en zoekt, maar kan haar niet vinden.

'Kom maar tevoorschijn,' roept hij na een poosje in de lucht. 'Je hebt gewonnen, ik kan je niet vinden.'

Er klinkt gelach boven hem. Daar had hij niet gekeken, óp het dakje boven het haardhout. Daar zit Pip hem uit te lachen.

Ze springt naar beneden. 'Nu moet jij je verstoppen!' Pip draait zich om en begint gelijk te tellen.

Zilver kijkt om zich heen. Waar zal hij zich verstoppen? Er zijn veel plekjes, maar eigenlijk zijn die allemaal te makkelijk. Zal hij toch voorbij de coniferen...? Het mocht niet van tante Jet, maar daarom is het juist een extra goede verstopplek. Daar zal zijn zus hem nooit zoeken.

Zilver haast zich naar het einde van de tuin, want Pip is al bij zeven. Hij duwt twee coniferen opzij en wil vanuit de tuin van tante Jet in hun eigen tuin stappen. Als zijn voet ergens achter blijft hangen, struikelt hij. Hij schrikt, maar gelukkig wordt zijn val gebroken door een soort zachte bult.

In de verte hoort hij Pip roepen. 'Wie niet weg is, is gezien. Iiiik kom!'

Zilver krabbelt overeind en twijfelt: zal hij zich nog snel verstoppen?

'Hé, slome.' Pip komt aangelopen. 'Wat sta je daar nou? Je bent niet eens goed verstopt.'

Zilver wijst naar de hoop. 'Ik struikelde.'

'Arme broer, heb je je pijn gedaan?' vraagt zijn zus een beetje plagerig.

'Ik schrok alleen maar. Het is zo'n gekke bult. Alsof die van dekens gemaakt is of zo. Dat is toch een beetje raar, tussen de coniferen?'

Pip duwt haar broer opzij, zij is nergens bang voor. Met haar voet geeft ze een duwtje tegen de hoop. Dan geeft ze een gilletje, want de hoop begint te bewegen.

Precies tegelijk maakt de tweeling een sprong achteruit.

18. Een verwarde vader?

De hoop wordt groter en groter, en als de hoop helemaal is uitgerekt, blijkt het een meneer te zijn. Hij kijkt de tweeling verbaasd en vriendelijk tegelijk aan.

Pip en Zilver kijken verbaasd terug. Niemand zegt iets.

'Nou,' zegt Pip, als de stilte wel erg lang duurt. 'Hallo, en welkom.'

'Waar ben ik?' vraagt de meneer, die intussen zijn muts afdoet.

'In Americka,' licht Zilver hem in.

De man knikt en denkt diep na. 'Het land van de grote hamburgers en beroemde filmst...?'

'Vergeet het maar.' Pip valt hem in de rede. 'Gewoon in Nederland. Maar deze plaats is zo klein, dat niemand hem kan vinden. Zelfs als je hier móét zijn,

kom je hier niet makkelijk terecht. Vraag dat maar aan onze moeder.'

'Waar is jullie moeder dan?' De vriendelijke meneer gaat overeind zitten en kriebelt aan zijn grote snor.

'Dat is precies de vraag,' antwoordt Zilver.

Pip legt het snel uit. 'Ze is verstrikt geraakt in het Openbaar Vervoer.'

'O,' zegt de meneer. 'Op die manier.' Maar het lijkt er niet op dat hij het snapt.

'En wie bent ú eigenlijk?' vraagt Pip.

De man wil net zijn mond open doen om antwoord te geven, als ze tante Jet hardop mopperend de tuin in horen komen. Ze roept de kinderen.

'Pip, Zilver, wat had ik nou gezegd? Jullie zouden in de tuin blijven en niet voorbij de coniferen gaan. Daar is namelijk de aarde vaak een beetje nattig en dat blijft dan allemaal aan je schoenen plakken. Dat nemen jullie dan mee naar binnen en ik kan het zeker allemaal opruimen, en...' Ze moppert maar door.

Harry loopt met zijn bekeuringenboekje achter haar aan.

Als ze vlak bij het drietal zijn, kijkt tante Jet verbaasd op. 'Wie is dit?' Ze steekt haar hand uit om zich netjes voor te stellen. Zo hoort dat. De man kan niet anders dan ook zijn hand uitsteken en de hare schudden.

Maar het blijft stil, niemand zegt wat.

Tante Jet is de eerste die de stilte verbreekt. 'Aangenaam kennis te maken. Ik ben Harriette, de oppas, de erváren oppas mag ik wel zeggen, van Pip en Zilver. Achter mij staat mijn man, Harry. Hij is van de po-li-tie.' Ze legt extra nadruk op 'politie'.

Harry mompelt achter haar: 'In opleiding, hoor. Een cursus.'

Bij het woord politie lijkt de man te schrikken. 'Ik ben...' Hij kijkt bang naar Pip en Zilver.

'... onze vader!' zegt Pip blij. 'Hij is eindelijk thuis. Hoera!'

Zilver kijkt zijn zus verschrikt aan.

19. Houtmeer. Justin Houtmeer

Pip slaat een hand voor haar mond. Heeft ze nou echt gezegd dat die man hun vader is? Het was eruit voor ze het in de gaten had. Het ging vanzelf.

Tante Jet heeft de hand van de man nog steeds vast. 'En hoe heet u precies?'

Pip is hem voor. 'Ook Houtmeer natuurlijk, net als wij en mama. Justin Houtmeer. Zo heet hij.'

Tante Jet en 'Justin' laten elkaars hand eindelijk los.

Dan volgt Harry, die zich ook voorstelt. Terwijl hij Justin de hand schudt, bekijkt Harry de man eens goed van top tot teen.

Zilver ziet een wenkbrauw omhoog gaan, alsof Harry het niet vertrouwt.

Dan gaat Harry's blik naar de koffer die naast Justin

op de grond staat. 'Waar komt u zo ineens vandaan?' vraagt hij.

'Parijs,' zegt Zilver snel. Hij wil ook wel weer eens iets zeggen.

De vriendelijke man krabt aan zijn snor. 'O ja, ja ja, Parijs. Daar was ik. Mooie stad. Vakantie.'

Harriette is verbaasd. 'Vakantie? U was toch al twee jaar weg?'

Pip grijpt weer in. 'Eerst werken en toen vakantie natuurlijk. Een heel lange vakantie.'

De meneer knikt heel ijverig. 'Precies, precies. Werken. En toen vakantie.'

'Maar goed,' zegt Zilver en hij pakt zijn zus bij de hand, 'nu is hij terug. Tante Jet en Harry, bedankt voor het logeren. We kunnen weer gewoon in ons eigen huis slapen. Kom je, eh... pap?'

Justin reageert niet.

'Páp!'

'O ja, dat ben ik. Waarheen?'

Pip en Zilver duwen hem tussen de coniferen door hun tuin in.

'Deze kant op,' zegt Pip. Ze draait zich om naar tante Jet en Harry. 'Voor hem is het ook allemaal nieuw, hoor. Ik ben al blij dat hij óns gevonden heeft.' En precies op tijd om ons te verlossen van tante Jet en haar eindeloze hoeveelheid klusjes, stickers en draadjesvlees, denkt ze er achteraan.

In hun eigen tuin aangekomen, zien ze in een hoekje het meisje met het witte jurkje weer staan. Ze maakt wilde gebaren met haar armen. Ze wijst naar haar hoofd en dan naar Justin. Daarna houdt ze haar handen opzij, alsof ze iets niet meer weet.

Hoed? denkt Pip.

Muts? vraagt Zilver zich af.

Hoofd? denken ze allebei.

De tweeling kan er zo snel niks van maken. Eerst maar eens naar binnen, weg van de starende ogen van tante Jet en Harry. Ze voelen gewoon dat ze door de struiken naar hen staan te gluren. Natuurlijk willen die twee weten wat er in de koffer zit die Justin bij zich heeft. Dat wil de tweeling ook wel heel erg graag weten. Hij ziet er best zwaar uit.

Zodra ze binnen zijn, laat Justin de koffer op de grond vallen. Hij strekt zijn rug. 'Zo,' zegt hij tegen de tweeling. 'Wie zijn jullie? En wie ben ik?'

Wilde het meisje in het witte jurkje dat misschien duidelijk maken? vraagt de tweeling zich af. Dat Justin het zelf ook niet weet?

'Eerst maar eens naar de keuken,' zegt Pip.

20. Het was per ongeluk

Als ze aan de keukentafel zitten, vraagt Pip aan de man: ‘Weet je echt niet wie je bent?’ Dat vindt ze vreemd. Hoe kan iemand nou niet weten wie hij is?

Justin denkt na en krabt op zijn hoofd. ‘Hé, hier zit een bobbel.’

‘Je hebt waarschijnlijk je hoofd gestoten,’ zegt Zilver. ‘Misschien weet je daarom niks meer. Laat ons eens kijken.’ Samen met Pip bekijkt hij de bobbel op het hoofd van Justin. ‘Dat is een flinke bult. Daar moet een nat washandje op.’

‘Weet je ook niet meer hoe je in onze tuin terecht bent gekomen?’ vraagt Pip een beetje streng.

‘Ik heb waarachtig geen idee,’ antwoordt Justin.

Pip stelt voor om eerst een natte handdoek en iets te drinken te pakken. Dan kunnen ze rustig bespreken wat ze nu moeten doen.

'Luister, Justin,' zegt ze tegen de vriendelijke man, die even later een natte handdoek op zijn hoofd heeft. Druppels water lopen langs zijn gezicht zo zijn glas met limonade in. 'Onze vader is ongeveer twee jaar geleden verdwenen. We hebben geen idee waar hij is. Waarschijnlijk is hij danser bij een straatorkest in Parijs. Onze moeder is naar het Gemeentehuis om ons op dit adres in te schrijven, maar er was iets met het Openbaar Vervoer. Ze is nog wel even onderweg. Dus wij zitten hier alleen.'

'En dat mocht niet van Harry, die een soort politieagent is,' legt Zilver uit. 'En ook niet van tante Jet, maar ik weet niet zo goed waarom het van haar niet mag.'

'Dus,' gaat Pip verder, 'had ik per ongeluk ineens gezegd dat jij onze verdwenen vader bent, want als onze vader er is, mogen we gewoon in ons eigen huis wonen. Maar goed, je weet niks, dus stel ik voor dat wij je alles gaan leren wat je moet weten om onze vader te zijn. We zullen je opvoeden alsof je onze eigen vader bent, maak je geen zorgen.'

Dit is veel informatie voor Justin. 'Wat zielig dat jullie vader is verdwenen en dat jullie moeder in het Openbaar Vervoer verstrikt is geraakt,' zegt hij. 'Wonen jullie hier al lang?'

'Ietsanieragen,' antwoorden Pip en Zilver net na elkaar. Ze zijn moe van al het gedoe en denken, en zeggen even niet alles precies tegelijk.

'Iets van vier dagen,' herhaalt Justin, die het gelukkig toch verstaan heeft.

Zilver staat op van tafel en loopt naar zijn zus. Hij fluistert iets in haar oor. Ze kijkt naar Justin en knikt.

Justin wiebelt een beetje onzeker op zijn stoel en kijkt Pip en Zilver om de beurt aan. 'Kom op, als jullie mij gaan leren om jullie vader te zijn, dan mogen jullie geen geheimen voor me hebben, hoor. Anders vind ik het niet leuk meer,' zegt hij. 'Waar ging dat over?'

21.

Opvoeden kan ook zo

Pip en Zilver gaan aan de andere kant van de keukentafel tegenover Justin staan.

'Jij hebt een snor. Onze echte vader heeft geen snor. We moeten straks op alle foto's waar onze vader op staat een snor tekenen. Als er iemand langskomt mogen ze geen verschil zien, en vooral tante Jet en Harry niet.' Pip heeft er duidelijk goed over nagedacht en laat er geen gras over groeien. 'We pakken straks gelijk een viltstift.'

Zilver wil ook iets bijdragen aan de opvoeding van hun nieuwe vader. Hij zet zijn woorden kracht bij door op zijn vingers mee te tellen. 'Ten eerste, je bent geen strenge vader! Je geeft nooit straf, maar wel zakgeld. Punt twee: we eten altijd wat wij lekker vinden. Nummer drie: we hoeven ons bed niet op te maken, maar ruimen wel op.' Zilver bekijkt zijn hand; hij heeft nog twee vingers over om iets bij te bedenken.

'Over de andere punten moeten we later nog maar even vergaderen,' zegt Pip.

Om te laten zien dat hij het best onthouden heeft, herhaalt Justin wat hij net allemaal gehoord heeft. 'Ik ben jullie vader en heet Justin. Justin Houtmeer. Ik ben twee jaar geleden verdwenen om danser te worden bij een straatorkest in Parijs. Nu ben ik zomaar terug met een buil op mijn hoofd. We gaan nog vergaderen, en jullie voeden mij op.' Hij voelt aan de kletsnatte bult. 'Hoe zou ik hieraan zijn gekomen?'

'Kun je je dan echt helemaal niks herinneren?' vraagt Zilver.

'Nee. Ik weet echt niks! Niet hoe ik echt heet of waar ik eigenlijk woon. Of hoe ik hier gekomen ben.' Dan wijst hij naar de koffer. 'En wat zou daarin zitten?'

'Zet jij je koffer maar op tafel, dan halen wij van boven wat stiften. We komen straks terug naar de keuken voor verder beraad.' En daar gaat Pip al de trap op, Zilver kan haar nauwelijks bijhouden. Wat kan zijn zus dit allemaal goed! Met vergaderen en beraad en zo.

Als ze boven zijn en Zilver nog staat te hijgen, zoekt Pip in haar kamer naar stiften. Ze komt terug met een paarse, een groene en een oranje viltstift. 'Ik kan alleen deze drie vinden. Is dat erg, denk je?'

Zilver denkt van niet en daar vliegen de twee de trap alweer af. Ze vergeten dat ze voorzichtig moeten doen. De trap kraakt en steunt onder hun voeten, maar er gebeurt gelukkig niks.

In de hal hangt een foto van het hele gezin aan de muur. Zilver haalt de dop van de oranje stift en tekent een snor op de foto. Samen bekijken ze het resultaat.

'Je moet het denk ik van een afstandje bekijken,' zegt Pip tegen haar broer.

'En door je oogharen,' zegt Zilver tegen zijn zus.

Samen doen ze een stapje naar achteren en knijpen hun ogen een beetje dicht. Het is net als bij een kunstwerk, dan zie je soms ook niet meteen wat het eigenlijk is. Ook niet per se als je zo door je oogharen kijkt. Ze vinden het prima gelukt en lopen door naar de keuken.

Daar zit Justin al aan de eettafel, waarop precies in het midden zijn koffer staat. Ze gaan zitten.

'Nou,' zegt Zilver, 'maak maar open.'

Justin peutert aan het schuifje aan de ene kant.

Er gebeurt niks.

Dan peutert hij aan het schuifje aan de andere kant.

Er gebeurt nog steeds niks.

Met twee handen tegelijk peutert hij aan de twee schuifjes, links en rechts. De sloten schieten open.

Hij pakt het deksel aan beide kanten vast en opent de koffer.

De inhoud wordt langzaamaan zichtbaar.

Drie gezichten kijken nieuwsgierig naar wat er in de koffer zit.

22.
De billen van het beeld

Pip, Zilver en Justin staren een beetje teleurgesteld naar de open koffer op de keukentafel. Ze hadden op iets bijzonders gehoopt, maar uit de koffer komen een boterham, een appel en een paar sokken. Verder een oud boek en een dikke trui. En ook een portemonnee met een foto van Justin en wat papiergeld erin.

Justin pakt het eruit en begint te tellen: 'Een, twee, drie, vier, vijf, zes, zeven. Zeven briefjes.' Hij legt het stapeltje geld op de keukentafel. Het is niet heel erg veel, maar ook niet weinig. De tweeling is er blij mee.

'Het geld van onze moeder was al bijna op,' vertelt Pip.

'Maar met dit geld kunnen we mooi wat boodschappen doen. Dingen voor het huis, en eten,' vult Zilver aan. 'Als je onze vader bent, moet je ook voor ons zorgen.'

Justin kijkt van Pip naar Zilver, en dan weer naar het geld. 'Jullie weten dat beter dan ik. Ik heb geen idee van geld.' Hij schuift het geld naar Pip en Zilver. 'Bewaren jullie het maar.'

De twee kijken elkaar blij aan en fantaseren over wat ze allemaal nog graag willen kopen.

'Misschien is het wel genoeg voor een plaid voor op de sofa en een deurmat met WELKOM erop,' zegt Zilver.

'Of nog meer glas voor in de ramen en een hark voor de tuin,' zegt Pip.

Samen dansen ze door de keuken en ze zingen in koor: 'En geen vieze jam meer, geen vieze jam meer...'

Hun vreugdedansje wordt onderbroken door een enorme knal. Justin vliegt overeind, alsof hij een elastiekje is dat weggeschoten wordt. Pip en Zilver staan stil. Het geluid komt van boven.

'Wat is er aan de hand?' vraagt Justin.

De tweeling heeft wel een idee. Stoer lopen ze de keuken uit en de trap op, naar de eerste verdieping waar hun kamers zijn, en met de volgende trap door naar de tweede verdieping waar moeders slaapkamer is. En nog een verdieping hoger, maar daarna kunnen ze ineens niet meer verder. Daar zien ze het luik naar de zolder al.

Eigenlijk weten ze wel genoeg, maar Zilver loopt toch vlug naar het raam. Hij kijkt naar buiten, waar natuurlijk het standbeeld staat. Alleen kijkt hij nu niet tegen de rug en de schouders, maar tegen de billen van het beeld. Dat kan maar één ding betekenen. 'Er is een verdieping ingestort,' roept Zilver naar omlaag. 'Dat gebeurt soms, dat is onderzocht. Het is al een oud huis, hè?'

Als ze allebei bijna beneden zijn, zien ze dat Justin nog een beetje staat te beven.

Dan horen ze een vrouwenstem: 'Wat gebeurt hier nou allemaal?'

23.
Ik waarschuw maar één keer

Tante Jet staat in de hal met een stoofpotje draadjesvlees.

'Er is net weer een verdieping ingestort,' legt Pip uit.

'Nog minder om schoon te houden,' zegt Zilver. Dat had tante Jet zelf gezegd toen de vorige keer een verdieping instortte.

Harriette kijkt Justin streng aan. 'Ik verwacht dat u, als hun vader zijnde, deze twee in het gareel houdt. Geen geren en gestamp, niet met twee tegelijk de trappen op en af. Dat geeft schade aan het huis. Jullie wonen hier dan wel voor gratis, maar dat betekent niet dat jullie niet netjes hoeven te zijn.' Harriette kijkt rond of er nog meer stuk is. Haar blik blijft op de familiefoto in de gang hangen.

Zilver verstopt snel de oranje stift achter zijn rug. Hij ziet tante Jet twee keer met haar ogen knipperen en dan haar hoofd schudden.

'Waren die twee vroeger ook zo wild?' vraagt ze aan Justin. Gelukkig wacht ze het antwoord niet af. 'Ik waarschuw maar één keer,' zegt ze nog, terwijl ze zich omdraait om weg te gaan, 'en dat heb ik zojuist gedaan. Anders stuur ik Harry langs voor een bekeuring.' Ze laat het stoofpotje achter op het plantentafeltje in de hal.

De avond valt en Pip, Zilver en Justin zitten in de keuken van het stoofpotje te eten. Als ze klaar zijn en Zilver de tafel afruimt, vraagt Justin waar zijn slaapkamer is.

'Het lijkt ons beter als je op de sofa slaapt,' zegt Pip.

Justin kijkt verbaasd, maar Zilver legt het uit. 'Straks komt mama thuis, dus je kunt niet in haar bed. En verder zijn er geen bedden over.'

De tweeling gaat braaf naar boven, naar hun eigen bed, terwijl Justin zich in de woonkamer installeert.

Door alle drukte van de dag slaapt iedereen heel snel in. In de tuin staat een meisje in een wit jurkje te luisteren naar drie verschillende snurkjes.

De volgende morgen zijn ze al vroeg uit bed en van de sofa. Zilver heeft broodjes geroosterd en de marmelade staat op tafel. Pip en Zilver stoten elkaar tevreden aan als ze zien dat Justin het laatste restje uit de pot peutert.

'Doe maar veel op je brood, hoor. Vandaag moeten we toch boodschappen doen,' zegt Zilver.

'Boodschappen...' Justin duikt diep in zijn geheugen. Hij veert op en lijkt het zich te herinneren. 'Kaas en worst,' zegt hij blij. 'En koekjes! Bij de supermarkt.'

'Die is er wel,' begint Pip, 'alleen die heeft niks, maar verkoopt alles.'

Justin kijkt verbaasd.

'Onder de toonbank,' verduidelijkt Zilver, alsof hij zelf weet waar hij het over heeft, ook al had hij de vorige keer echt niks onder de toonbank gezien. Er was alleen maar dat overvolle geheime magazijn.

Justin snapt er nog steeds weinig van, maar volgens Pip is dat niet erg. Als ze bij de MiniMart zijn, zal hij vanzelf wel zien hoe het werkt. 'Pak jij het geld, Zilver,' zegt ze tegen haar broer.

Zilver haalt de portemonnee uit de keukenkast. Dan gaan ze de deur uit en lopen door de voortuin naar de straat. Ze lopen langs het huis van Harriette en Harry. Die staan half achter de gordijnen te doen alsof ze met iets bezig zijn, maar Pip en Zilver zien ze heus wel stiekem kijken.

24.
Een snelle leerling

Onderweg naar het dorp komen Pip, Zilver en Justin niemand tegen.

Eenmaal op het plein wijst Zilver naar de overkant. ‘Kijk, daar achter die bakken met geraniums is de MiniMart van grote Mart.’

Net als ze het plein willen oversteken, passeren ze een kleine vrouw, die Justin bij een arm pakt.

‘U vraagt zich vast af wie ik ben en waarom ik u staande hou,’ zegt de vrouw. ‘Het zit zo, ik ben het hoofd van de school. Ik had al gehoord dat er na de vakantie nieuwe kinderen op school zouden komen, maar ze zijn nog niet ingeschreven. Dat moet wel, hoor. Dat is een regel!’

Justin kijkt haar verbaasd aan. School?

De vrouw, die best een groot hoofd heeft, gaat verder: ‘Ik dacht trouwens dat de kinderen hier met hun moeder woonden. U bent dan zeker de vader?'

De tweeling knikt ijverig van ja.

'En u was lang op vakantie, zoiets hoorde ik?'

Pip geeft snel antwoord. 'Werken. Papa was werken in Parijs. Dansen. Bij een straatorkest. Maar nu moeten we...'

'Wat leuk,' onderbreekt de vrouw haar. 'Ik heb vroeger ook gedanst, ze noemden mij de kleine ballerina. Maar ik was te klein om van dansen mijn beroep te maken. Toen werd ik hoofd van de school, dat paste beter bij me. Zeg, ik durf het bijna niet te vragen, maar kunt u iets voordoen?'

Justin kijkt hulpeloos om zich heen, naar links en rechts, naar Pip en Zilver. Maar die hebben hier ook geen oplossing voor.

Dan begint Zilver te zingen, een verzonnen liedje dat Frans klinkt. '*Tronlonlon, passé future, mange plange tralalaaa, biscuit bonbon magnoliaaa.*'

Justin begint te bewegen. Heel houterig en gek en niet erg op de maat.

Het hoofd van de school bekijkt heel geïnteresseerd alle passen van deze dans.

Pip ziet het. 'Dit is een nieuwe Parijse dans,' legt ze uit. 'Die kennen ze hier nog niet.'

'Maar ik leer snel,' zegt het hoofd van de school. Ze zwiert even met haar hand door de lucht en probeert mee te zingen. Ze doet zelfs een paar danspasjes na.

Voor ze afscheid nemen, vraagt het hoofd of ze snel langs komen om zich in te schrijven. Daarna danst ze weg over het plein. 'Biscuit bonbon, magnoliaaa,' horen ze in de verte, terwijl ze eindelijk het plein oversteken.

In de MiniMart valt Justin van de ene verbazing in de andere. De hele winkel is leeg, maar achterin kunnen ze alles kopen wat ze nodig hebben en zelfs alles wat ze niet nodig hebben! Als ze moeten betalen, vraagt Justin aan Zilver om de portemonnee. Hij doet die open en vraagt aan Mart: 'Is dit genoeg?'

Marts ogen gaan glimmen en hij pakt bijna al het geld uit de portemonnee. 'Ja ja, precies, exact, tot *oep* de laatste cent af. *Gien* wisselgeld *noedig*, kon niet beter, afgepast, heel keurig,' zegt hij en hij bergt het geld goed op in zijn broekzak.

Met volle tassen verlaat het drietal de MiniMart en snel gaan ze naar huis.

25.
Huiswerk voor Justin

Nu Pip, Zilver en Justin boodschappen hebben gedaan, is de koelkast eindelijk goed gevuld. Ook ligt er een zacht kleed op de sofa, heeft Pip nieuwe sokken en Zilver een nieuw T-shirt met glitters en een zwembroek. Justin heeft ook nieuwe kleren. Veel meer dan de kleding die hij droeg, had hij niet bij zich, maar nu kan hij even vooruit.

Vanavond hoeven ze eindelijk eens niet het stoofpotje van Harriette te eten. Ze hebben een blik groentesoep met balletjes, snoeptomaatjes en broodjes voor in de oven. Voor het ontbijt morgen hebben ze croissantjes, een flink stuk *Americ-kaas* (een lokale specialiteit, volgens Mart) en een grote schaal die tot aan de rand toe gevuld is met bosaardbeitjes.

Pip, Zilver en Justin zitten aan de tafel in de keuken en genieten van al het lekkers, tot hun buik vol is en ze tevreden achterover leunen.

'Ik kan geen Pip meer zeggen,' grapt Pip gapend, terwijl ze lui in haar stoel hangt.

Justin valt bijna in slaap in zijn stoel, of eigenlijk in moeders stoel.

Na een kwartiertje springt Zilver op. 'Tijd voor huiswerk.'

Pip en Justin kijken hem verbaasd aan.

'Huiswerk?' vraagt Pip. 'School is nog niet eens begonnen.'

'Niet wij,' legt Zilver uit. 'Maar Justin. Justin moet huiswerk maken. Jullie dachten toch niet dat het opvoeden van onze vader vanzelf gaat? Hij weet nog helemaal niks van ons.'

Zilver heeft gelijk, vindt Pip en ineens zijn ze allemaal klaarwakker.

'Pak een schrift en een pen, want je moet van alles opschrijven,' zegt Pip tegen Justin. 'En niet vlekken bij het schrijven. Anders moet je op de gang staan.'

Justin doet wat hem gezegd wordt, want hij wil natuurlijk geen straf. Even later zit hij keurig rechtop aan de keukentafel, terwijl Pip en Zilver hem les geven in vader-zijn. Ze staan tegenover hem aan de andere kant van de keukentafel. Zo heeft hij een meester en een juf tegelijk. Ze kijken best streng.

'Goed,' begint Zilver, terwijl hij gewichtig heen en weer loopt. 'We zijn dus een tweeling. Pip is de oudste, zij is geboren op 30 september en ik op 1 oktober.'

Met het puntje van zijn tong uit zijn mond begint Justin te schrijven. Als hij het heeft opgeschreven, steekt hij zijn vinger op.

'Je wil iets vragen?' zegt Pip als een echte juf.

'Hoe kun je nou een tweeling zijn als jullie allebei op een andere dag jarig zijn?'

Pip zucht. 'Ik ben vlak voor middernacht geboren en Zilver vlak erná. Officieel schelen we daarom een dag, maar eigenlijk schelen we maar zeventien minuten en 48 seconden. Zijn er nog andere vragen?' Ze kijkt haar klas rond, hoewel het een keuken is met maar één leerling.

Zilver kijkt trots naar zijn zus. Wat kan zij goed les geven.

'Zilvers lievelingskleur is groen, de mijne is geel. Onze moeder heet Ina Houtmeer, haar beroep is wegbezuinigde wijkverpleegkundige. Hoe oud ze is weet ik niet zeker, maar al heel oud, zeker boven de dertig. Ze heeft geen rijbewijs. Ze is getrouwd met onze vader en dat ben jij nu. Eerst woonden we in een nieuwbouwhuis in Duivendam en nu in dit grote, oude huis, dat toevallig ook Het Grote Oude Huis heet.'

Justin kan het haast niet bijhouden in zijn schrift; al snel heeft hij vier blaadjes vol geschreven. Hij wordt er moe van en vraagt: ‘Kunnen we niet gaan slapen en dan morgen verder gaan? Het is allemaal een beetje veel.’

Daar zijn de meester en de juf het wel mee eens.

26.
Nachtelijk bezoek

Het is midden in de nacht als Pip en Zilver wakker schrikken. Het lijkt wel alsof er een kat met zijn nagels aan het raam krabt, of alsof er een tak langs het raam gaat, of, nou ja, het is een heel naar, krassend geluid. Snel rennen ze naar het raam toe. Hoewel het donker is buiten, wordt de tuin verlicht door een halve maan. Het is inderdaad een tak van de boom die over het raam krast. Maar ook staat zij er weer: het meisje in het witte jurkje. Wat zou ze op dit uur willen, moet ze niet slapen? Mag zij in het donker wel in haar eentje naar buiten?

Zilver opent het raam een stukje. 'Wat is er?' fluisterroept hij.

Het meisje doet een vinger voor haar mond.

Pip, die eigenlijk altijd maar moeilijk wakker wordt,

is gelijk klaarwakker van opwinding. 'We mogen niks zeggen?'

Het meisje schudt hard van nee.

'Waarom niet?' vraagt Zilver.

Nog harder schudt het meisje van nee.

'Volgens mij bedoelt ze dat ze dat niet bedoelt, Zilver.'

Dan maakt het meisje een gebaar alsof ze haar mond op slot doet.

'Ze kan niet praten, denk ik. Nu snap ik het,' zegt Zilver. 'Maar dat is ook wel een beetje onhandig,' bedenkt hij er achteraan. 'Kun je wel horen?' fluisterroept hij weer de tuin in.

Het meisje knikt van ja.

'Hoe. Heet. Jij?' Pip vraagt het heel duidelijk en langzaam.

'Eh... ze is dus niet doof,' zegt Zilver tegen zijn zus. Hij gaat wat verder uit het raam hangen. 'Ik heet Zilver. En dit,' hij wijst naast zich, 'is mijn zus Pip. Wij zijn een tweeling. Hoe heet jij?'

Het meisje maakt een gebaar. Ze doet alsof ze met haar hoofd op haar handen gaat slapen.

'Slapen?' raadt Pip.

'Kussen?' gokt Zilver.

'Laken?' probeert Pip.

'Deken dan?' Zilver weet bijna geen woorden meer.

'Moe?' zegt Pip. 'Of bed?'

Bij dit laatste woord veert het meisje op.

'Heet ze nou bed?' vraagt Zilver aan Pip.

Maar dan maakt het meisje nog een gebaar. Ze wijst de tuin in.

Om en om proberen Pip en Zilver te raden wat het meisje bedoelt.

'Buren?' zegt Pip.

'Dat?' gokt Zilver.

'Ver?' vraagt Pip.

'Heg?' wijst Zilver.

'Conifeer?' bedenkt Pip.

'Daar?' peinst Zilver.

'Die?' probeert Pip.

Het meisje knikt bij dit laatste woord. Hèhè.

Maar Zilver kan er nog niets van maken. 'Bed. Die?'

'Dat klinkt aan elkaar als Beddie,' zegt Pip.

'Bettie,' roepen ze tegelijk uit. Het meisje heet natuurlijk Bettie!

Bettie knikt van ja.

Eindelijk weten ze wie het meisje is. Bettie. En zij is hun nieuwe vriendin. Ook hun enige trouwens. Ze willen haar nog van alles vragen, maar net zo onverwacht als ze tevoorschijn is gekomen, is ze ook verdwenen.

Pip en Zilver knipperen twee keer met hun ogen, maar ze is echt weg. Alleen weten ze dit keer zeker dat ze het niet hebben gedroomd.

27.
Inschrijven (2)

Als de kinderen de volgende morgen beneden komen, probeert Justin in de keuken ontbijt te maken. Maar Pip ziet gelijk dat hij er niks van bakt. Zou hij ook vergeten zijn hoe dat moet?

'Eh... pap? Justin? Thee drinken we uit een kopje, niet uit een bord. De croissantjes moeten we eerst afbakken in de oven. En het restje soep is niet zo lekker als ontbijt.'

'Ik doe mijn best, kind! Ik weet heel veel niet, maar wel dat we vandaag naar school gaan. Om jullie in te schrijven, wat dat ook betekent. Dat heeft het schoolhoofd gisteren tenslotte gevraagd.'

Het is een gezellige boel in de keuken als er op de voordeur wordt geklopt. Zou moeder eindelijk terug zijn? Maar als Zilver de deur open doet, blijkt het tante Jet te zijn, die een beetje zuur kijkt. Haar ogen schieten gelijk de hal en de gang door en zo – hup! – de keuken in, waar Justin bezig is.

Als ik in het woordenboek het woord 'nieuwgierig' opzoek, denkt Zilver, dan staat vast haar naam erbij.

'Ik heb een telefoontje van jullie moeder gehad. Het gaat goed met haar, hoor, maar er was nog iets mis met het Openbaar Vervoer. Een staking, geloof ik. Of de buschauffeur was niet lekker, een van de twee. Ik weet het niet zo goed meer, ik heb nogal slecht geslapen. Ik dacht dat ik vannacht iemand in de tuin hoorde rommelen. Dat kan natuurlijk niet, maar als het wel kan, hoort het niet. Ik heb er echt wakker van gelegen.'

Zilver kijkt achterom naar de keuken, waar Pip hem een knipoog geeft. 'Dank u wel voor het doorgeven,' zegt hij dan tegen tante Jet. 'Wij gaan straks naar school.'

'School?'

'Inschrijven,' roept Justin vanuit de keuken, alsof hij alles onder controle heeft.

Hoofdschuddend draait tante Jet zich om en loopt de deur uit en het tuinpad af.

Pip geeft Justin in de keuken instructies. 'Pap. Justin. Je moet je wel even netjes aankleden en je haar kammen. Heb je een schoon hemd aan? Heb je je achter je oren gewassen? En poets je tanden. Strik je veters. Vergeet niet voor de zekerheid een jas mee te nemen, het kan nog koud zijn zo vroeg.'

Even later is alles goed gelukt en lopen ze met z'n drieën door het dorp naar school toe. Onderweg komen ze niemand tegen.

Bij de school staat het hoofd al bij de deur op hen te wachten.

Pip stoot Zilver aan. 'Wat is ze toch klein en wat heeft ze een groot hoofd,' fluistert ze in zijn oor. 'Zou ze daarom hoofd van de school zijn?'

Zilver schiet in de lach, maar trekt snel zijn gezicht in de plooi als het schoolhoofd hem verstoord aankijkt.

'Volgen jullie me maar naar mijn kantoor,' zegt ze.

Daar aangekomen, klautert ze via een krukje op haar bureaustoel en leunt voorover. Ze opent een groot opschrijfboek en doopt haar pen in een potje met inkt. 'Ik moet alles van jullie weten.'

Pip en Zilver kijken elkaar bezorgd aan. Hopelijk heeft Justin alles goed onthouden.

28.
De regels, de regels

Justin begint te stamelen. 'Nou, eh... ze zijn dus geboren...'

Het schoolhoofd wappert ongeduldig met haar hand. 'Dat zie ik ook wel. Wanneer precies?'

'Groen. En ook geel. Lievelingskleuren. De een vindt de ene kleur mooi, de ander de andere kleur.' Justin haalt opgelucht adem en kijkt trots naar de tweeling.

Maar omdat deze vader geen normale antwoorden lijkt te kunnen geven, wendt het schoolhoofd zich tot de kinderen. Ze kijkt Pip en Zilver over haar brilletje aan. 'Hoe oud zijn jullie?'

'Negen,' zegt de tweeling in koor.

'Bijna tien,' zegt Pip er snel achteraan. 'Ik als eerste.'

'Op welke dag geboren?' vraagt het hoofd van de school en ze doopt opnieuw haar pen in de inkt.

Diploma
vragen
DE WET
ANTWOORDEN
regels & meer
LASTIGE OUDERS
REGELS
ZO MOET HET
ZO HOORT HET

'Ik op 30 september en hij op 1 oktober.' Pip zet er vaart achter. 'We zijn een tweeling en toch hebben we een andere verjaardag. Gek, hè? Officieel schelen we maar zeventien minuten. We vieren onze verjaardag altijd samen, hoor, dat is wel zo gezellig. We hebben toch dezelfde vrienden, tenminste, in Duivendam, hier nog niet echt. Wonen er hier veel kinderen eigenlijk?'

Het hoofd van de school kan het niet zo vlug opschrijven en maakt een inktvlek in haar opschrijfboek. 'In welke groep zaten jullie in Duivendam?'

'We zaten in groep zes, dus moeten we na de vakantie naar groep zeven,' zegt Zilver.

Justin houdt gelukkig nog steeds zijn mond.

Het gaat best goed zo, denkt Pip. Maar dat duurt niet lang.

'Daar komt niks van in.'

Ze schrikken op.

Het schoolhoofd werpt de tweeling een strenge blik toe. 'Zo zijn de regels niet. Alle kinderen die op 1 oktober en daarna geboren zijn, komen in groep zes en wie daarvoor is geboren, komt in groep zeven. Dus jij,' ze wijst naar Zilver, 'gaat naar groep zes, en jij,' nu wijst ze naar Pip, 'komt in groep zeven.'

'N-n-nee,' sputtert Zilver voorzichtig tegen. 'Die groep ken ik al. Ik kan begrijpend lezen, ik heb gatenteksten geoefend en ik heb de spellingtoren uitgespeeld.

Ik kan zinnen ontleden en sommen maken, staartdelen en breuken. We hadden in Duivendam zelfs Kunstzinnige Oriëntatie. Ik maakte er een keer een holle pot van klei. Ik hoef toch niet alles opnieuw te leren? We zijn een tweeling, we weten alles hetzelfde. We horen in dezelfde klas.'

'Wat zei je, jongeman?' vraagt het hoofd, terwijl ze dreigend over haar bureau buigt. Haar hoofd lijkt zo nog veel groter dan net. 'Het klonk als "n-n-nee", maar ik mag hopen dat je niet tegensputtert, want dan worden wij geen vrienden. Bovendien, ik heb de regels niet verzonnen, ik voer ze alleen maar uit.'

Zilver is verstandig en houdt zijn mond verder dicht.

Justin grijpt in en neemt zijn rol als vader nu heel serieus. 'Kom,' zegt hij opgewekt, 'misschien is het een idee om te kijken hoe de klassen er uitzien?' Hij knikt vriendelijk naar het hoofd. 'Wij volgen u graag.'

Het schoolhoofd klautert van haar stoel af en komt via het krukje op de grond. Ze wenkt het drietal om haar te volgen, doet de deur van haar kantoor open en stapt de gang in. Een lange gang. Aan het eind van die gang is een grote deur, die ze maar met moeite weet te openen.

Als Pip, Zilver en Justin hun hoofd om de hoek steken, kijken ze verbaasd een bijna leeg lokaal in.

'Welke groep zit hier?' vraagt Zilver.

'Alle groepen,' antwoordt het hoofd.

‘Maar er staan maar een paar tafeltjes.’

‘Dat klopt. Alle kinderen zitten in dezelfde ruimte. Americka is zo klein en er zijn zo veel mensen weg gegaan, dat er ook steeds minder kinderen zijn. Dus zit iedereen bij elkaar in dezelfde klas. Met jullie erbij zijn er nu vijf kinderen.’

Justin vat het samen: ‘Dus als ik het goed begrijp, dan zit mijn tweeling volgens een of andere regel allebei in een ándere groep, maar vanwege te weinig kinderen wel in dezelfde klas?’

Pip en Zilver glunderen bij de woorden ‘mijn tweeling’, hij begint al echt een beetje hun vader te worden.

‘Dat vind ik vreemd.’ Justin steekt zijn vinger op. ‘Daar is het laatste woord nog niet over gezegd, maar nu wel, want wij gaan ijs eten.’

29. Steeds dezelfde vraag

Even later op het schoolplein, dat bij nader inzien ook maar een armetierig klein pleintje is, zien ze verderop Harry staan. Hij praat met twee jongens en zwaait naar Pip en Zilver als hij hen in de gaten krijgt. Hij loopt met de twee jongens achter zich aan naar hen toe.

'Haai!' zegt de grootste van de twee.

'Eh... hoi,' zegt Zilver terug.

'Hoe heten jullie?' vraagt de jongen weer.

Zilver wijst naar zijn zus. 'Zij heet Pip. En ik heet Zilver.'

De grote jongen wijst op zichzelf. 'Ik ben Beer, dat is kort voor Berend. Hij daar heet Boy. Dat is gewoon een korte naam. Wij zijn broers.' Dan gaan zijn ogen geheimzinnig twinkelen. 'Ik heb een raadsel: ik heb pas twee verjaardagen gevierd en toch ben ik al bijna tien. Rara, hoe kan dat?' Gelijk zegt hij er zelf achteraan: 'Ik ben een schrikkelkind!'

Dan zegt Zilver: 'Ik heb ook een raadsel: wij zijn een tweeling maar we zijn toch op twee verschillende dagen jarig. Rara hoe kan dát?'

Daar hebben Beer en Boy zo snel geen antwoord op.

'Kom kinderen, hou het een beetje gezellig,' zegt Harry. En tegen Justin zegt hij: 'Beer en Boy zijn de zoons van jullie huisbaas, Benjamin Bol. Ik dacht dat het misschien leuk was als ze eens kennis met jullie zouden maken. Wie weet kunnen ze bij jullie spelen? Er is voldoende ruimte in dat grote huis.'

Beer en Boy knikken enthousiast.

'Goed. Kom maar mee,' zegt Justin. 'Het huis is groot genoeg en misschien willen jullie wel voetballen in de tuin.'

En daar gaan ze: Harry en Justin voorop, daarachter volgen Beer en Boy en daar weer achteraan lopen Pip en Zilver.

'Zo veel mensen tegelijk op straat, dat hebben ze hier vast al heel lang niet meer meegemaakt,' grapt Zilver.

Als ze bij hun huis zijn, zegt Harry gedag.

Pip, Zilver, Justin, Beer en Boy staan in de voortuin, waar het enorme beeld van de vroegere burgemeester boven alles en iedereen uit torent. Met hun hoofden in hun nek kijken ze alle vijf omhoog.

'Onze opa,' zegt Beer. 'Hij mist het puntje van zijn wijsvinger.' Hij wijst naar het huis. 'Het is al een heel oud huis. Hebben jullie er nog iets spannends gevonden?' vraagt hij er gelijk achteraan aan Pip.

Wat is dat toch steeds, denkt ze, terwijl ze nee schudt. Iedereen wil aldoor maar weten of we nog iets gevonden hebben. Eerst vroeg tante Jet het een paar keer, en nu Beer. Maar niemand zegt wat we dan precies moeten vinden... dat vingertopje misschien? Daar moet ze niet aan denken. Stel je voor dat ze ergens een stukje vinger zouden vinden...

30.

De Americkaanse geschiedenis

Pip, Zilver, Boy en Beer zitten rond de keukentafel met allemaal een glas limonade. Tenminste, Pip zit op de grond, aangezien ze maar drie stoelen hadden meegenomen uit Duivendam. Eerst zat ze op het aanrecht, maar dat vond Justin niet goed.

Ik moet wel uitkijken dat hij niet al te erg op een echte vader gaat lijken, denkt ze.

Ze weten niet zo goed waar ze over moeten praten.

Zilver vraagt zich af of Boy misschien hetzelfde als Bettie heeft. Hij heeft tot nu toe nog helemaal niks gezegd, maar lijkt wel alles te horen.

Pip vraagt zich af of die twee van voetballen houden. 'Zullen we straks in de tuin gaan voetballen?' vraagt ze.

Beer zegt ja, Boy schudt nee.

Ook Zilver heeft er weinig zin in, hij wil zijn kleren niet vies maken.

'Of jullie kunnen ons het huis laten zien,' zegt Beer. 'Heel vroeger woonde onze opa hier. Hij was de burgemeester van Americka! Wij zijn hier nog nooit geweest. Eerst waren we nog niet geboren en toen was het te gevaarlijk, zei onze vader.'

Pip zucht. Ze heeft eigenlijk helemaal geen zin om die twee hun huis te laten zien. Maar ja, het zijn wel de zoons van hun huisbaas, dat klinkt belangrijk. En hun opa was hier vroeger de burgemeester, dat klinkt nog veel belangrijker. 'Vertellen jullie ons dan meer over dit huis en jullie opa?' vraagt ze.

Beer knikt, terwijl Boy aan zijn vingernagels peutert. Het lijkt wel of hij het niet eens gehoord heeft.

Dan staat Boy op. 'Ja, vroeger.' Hij wijst naar Beer. 'Vertel.'

Pip en Zilver kijken verbaasd naar Boy. Hij kan dus wel praten, als hij maar wil. Hoewel het maar drie woorden waren.

Dan begint Beer zijn verhaal. 'Heel, heel lang geleden, iets van tien jaar of zo, toen ik nog niet eens geboren was, was Americka een mooi dorp en woonden er veel mensen. Het was altijd druk op straat.' Beer loopt gewichtig heen en weer, als een echte professor die alles weet.

Pip en Zilver en ook Boy hangen aan zijn lippen.

'Onze opa was hier burgemeester. Hij woonde in dit huis, met wel zes verdiepingen. Hij heette Bonno Bol.'

'Drie verdiepingen intussen,' verbetert Pip hem. 'Er was er al eentje ingestort voor wij hier kwamen wonen en twee sinds wij hier wonen. Zo oud is dit huis.'

Beer gaat onverstoorbaar verder. 'Maar in Americka en in de dorpen hier omheen waren er steeds minder mensen. Ze gingen allemaal naar de stad. Huizen kwamen leeg te staan. Ook in de dorpen om ons heen! Om geld uit te sparen moesten er vijf dorpen samengaan: Knock, Enter, Kortebroeck en Dichtewoude. Samen met Americka. Geen vijf bibliotheken meer, maar een! Geen vijf winkels meer, maar een. Geen vijf postkantoren meer, maar een! Geen vijf burgemeesters meer, maar een! Geen...'

'Ja ja ja, we snappen het,' valt Pip hem in de rede. 'Overal geen vijf meer van, maar een. Dat scheelde een hele hoop geld. En toen?'

Beer komt samenzweerderig iets dichterbij, alsof hij een geheim gaat onthullen. Hij begint wat zachter te praten. 'Die vijf burgemeesters, dat was het grote probleem! Want er waren maar vier belangrijke banen te verdelen. En onze opa was heel populair, die zou waarschijnlijk de nieuwe burgemeester van alles worden!'

'Juist. Dus wat gebeurde er toen?' Pip kijkt hem ongeduldig aan.

Beer komt nog dichterbij. 'Het! Toen gebeurde hét.' Hij geeft een harde klap op tafel waardoor hun glazen tegen elkaar rinkelen.

De ogen van Zilver worden groot als schotels. 'Wat? Wat gebeurde er?'

31. Burgemeesters en boeven

Beer gaat verder met zijn verhaal. 'De vier andere burgemeesters hadden een list bedacht om onze opa buiten spel te zetten.'

'Een spel?' vraagt Zilver.

'Zodat hun opa geen burgemeester meer kon zijn,' legt Pip hem snel uit. Ze gebaart naar Beer dat hij door moet gaan met het verhaal, ze vindt het maar spannend.

'Een van de vier burgemeesters zou goud uit de G.A.S stelen, de Grote Americka Spaarbank. Hij zou dat op een afgesproken plek neerleggen bij onze opa in huis. En dan zouden ze samen onze opa aanwijzen als de dief, zodat die naar de gevangenis zou moeten.'

'Wat gemeen,' zegt Pip.

‘Buiten spel dus,’ zegt Zilver wijs.

‘Maar het mislukte. De burgemeester die de goudstukken zou stelen en zou verstoppen, heeft zich niet aan de afspraak gehouden. Hij verstopte het goud op een heel andere plek, voor zichzelf. En hij wilde niet zeggen waar!’

‘Alweer gemeen,’ zegt Pip. ‘Je moet je altijd aan de afspraak houden.’

‘Maar de burgemeesters hadden de politie al naar onze opa gestuurd, waar ze natuurlijk niets konden vinden. Die vier kregen daarna grote ruzie, op het plein hier in Americka. Mart heeft het allemaal gehoord, hij was net bezig zijn winkel te sluiten. Ze maakten zo’n kabaal. Ze vertrouwden elkaar niet meer en over en weer beschuldigden ze elkaar van van alles en nog wat.’

‘En heeft Mart toen de politie gebeld?’ vraagt Pip.

‘Ja. Het was wel een gedoe. Eerst geloofden ze hem niet. Weer een tip over het goud en wéér waren de vier burgemeesters erbij betrokken. De politie komt niet graag voor niks, moet je weten. Ze waren al naar dit huis gekomen om het goud te zoeken en nu moesten ze weer naar de markt voor de burgemeesters. Gelukkig was er toen nog een politiebureau hier in de buurt. De politie was er heel snel en ze hebben de vier ruziënde burgemeesters opgepakt.’

‘En toen moest die ene natuurlijk vertellen waar het

goud verstopt was,' denkt Zilver hardop.

'Die hield zijn kaken stijf op elkaar. Hij zweeg als het graf. Daarom moest hij het langst naar de gevangenis. Misschien zit hij er nog steeds, dat weet ik niet zeker,' zegt Beer.

'En die andere drie?' vraagt Pip.

'Die kregen ook straf. Ze waren natuurlijk medeplichtig. Door die ene burgemeester aan te wijzen als dader, hadden ze zichzelf verraden. Want hoe konden ze anders van dit hele plan weten?'

'Mede-wat?' vraagt Zilver.

'Niet de hoofddaders, maar wel schuldig,' legt Beer uit. 'Toen ze weer vrij waren, hebben ze nooit meer een baan kunnen krijgen. Iedereen wist ervan, het had allemaal in de krant gestaan met foto's en alles. Stuk voor stuk zijn ze vertrokken naar een andere plaats. Van de goudstukken is nooit meer iets teruggevonden.'

32.

Goud of gewoon geld?

Nadat Beer het hele verhaal verteld heeft, kijkt hij triomfantelijk om zich heen.

Pip en Zilver denken allebei hetzelfde, maar zeggen het niet hardop: is dit de reden dat iedereen steeds maar vraagt of ze iets gevonden hebben in het huis? Denkt iedereen dat er hier nog ergens goudstukken verstopt zijn? Wat nou als iemand vandaag of morgen de goudstukken vindt, zouden die dan niet terug naar de bank moeten?

Alsof Beer hun gedachten raadt, zegt hij: ‘Het is al lang geleden. Wie het goud nu vindt, mag het houden.’

Pip en Zilver snappen één ding nog niet helemaal. ‘Als jullie opa in de gevangenis had gezeten, dan waren er nog steeds vier burgemeesters over. Een van die vier zou burgemeester van alles worden, maar wat zouden de andere drie dan gaan doen?' vraagt Zilver.

'Simpel,' zegt Beer. 'Degene die het gevaarlijkste werk had gedaan, zou de burgemeester worden en die zou de anderen dan de drie heel belangrijke banen geven: baas van Sportveld en Zwembad, baas van Politie en Postkantoor en baas van Bus en Buitenboel, zoals de pleinen en straatverlichting.'

Boy geeft Beer een por. 'Vertel van nu,' zegt hij dwingend.

Beer lijkt even te twijfelen, terwijl Pip en Zilver hem vragend aankijken. Dan zegt hij: 'In Americka zijn er mensen die denken dat jullie het goud gevonden hebben. Ze zeggen dat jullie samen met jullie vader bij de MiniMart best veel spullen en eten hebben gekocht.'

Ze horen gestommel op de gang.

'Pap?' roept Pip.

Geen antwoord.

'Pap, kom eens hier,' zegt Pip nu wat strenger en Justin komt de keuken binnen gelopen. 'Heb jij staan luisteren op de gang? Vertel deze jongens eens waarmee wij betaald hebben: met goudstukken of met gewoon geld?'

Justin kijkt verlegen. Hij knikt en zegt dan: 'Niet met goudstukken, maar met papier.'

'Zien jullie nou wel,' zegt Zilver triomfantelijk tegen Beer en Boy. 'Ja, hij heeft staan luisteren op de gang en nee, verder is er geen vuiltje aan de lucht. Als onze vader zegt dat wij met papiergeld betaald hebben, dan is dat zo. Zo is hij opgevoed, liegen doet hij niet.'

Alle vijf zitten ze nu stil in de keuken. Maar dan wordt er heel hard op de voordeur gebonsd.

33. Chaotische gesprekken

Harry, tante Jet en Benjamin Bol staan alle drie voor de deur. Tante Jet met een pannetje stoofvlees, Harry heeft nieuws en Benjamin komt gewoon zijn zoons ophalen. Met z'n allen staan ze in de grote hal van het huis. Iedereen praat door elkaar.

'Aangenaam kennis te maken,' zegt Benjamin Bol tegen Justin.

'Hier, een pannetje eten voor vanavond. Een nieuw recept,' zegt tante Jet tegen Justin, Pip en Zilver.

'Ik heb nieuws,' zegt Harry tegen Pip en Zilver.

'Komen jullie mee?' zegt Benjamin Bol tegen Beer en Boy.

'Jullie moeder heeft gebeld,' zegt Harry tegen Pip en Zilver.

'De schat is niet gevonden,' zegt Beer tegen zijn vader.
'Dan verkoop ik het huis,' zegt Benjamin tegen iedereen en niemand in het bijzonder.
'Wat eten we vanavond?' vragen Beer en Boy aan hun vader.
'Wat moet het huis kosten?' vraagt Justin aan meneer Bol.

'Komt ze eraan?' vragen Pip en Zilver aan Harry.

'Afwassen hoeft niet, hè? Dat weten jullie,' zegt tante Jet tegen de Houtmeertjes.

'Voor jou? Hoeveel geld heb je?' vraagt Benjamin Bol aan Justin.

'Ze hoeft nog maar door één dorpskern, dan is ze er,' antwoordt Harry Pip en Zilver.

'Zie je dat?' zegt Pip tegen Zilver.
'Ja, daar staat Bettie op de stoep!' antwoordt Zilver.

'Nog maar één briefje papiergeld. De rest is opgegaan aan spullen voor het huis en de laatste boodschappen,' zegt Justin tegen Benjamin Bol.
'Zullen we nog even voetballen?' vraagt Beer aan Pip.

..., ...! gebaart Bettie naar Pip en Zilver.

'Ik heb het recept uit de *Beatrice*, daar heb ik een proefabonnement op,' zegt tante Jet tegen Zilver.

'Wat wil Bettie nou zeggen?' vraagt Zilver aan Pip.

'Hoe klinkt het woord?' vraagt Pip aan Bettie.

... gebaart Bettie naar Pip en Zilver.

'Wat fijn als jullie moeder straks eindelijk thuis is,' zegt tante Jet tegen Pip en Zilver.

'Meer geld heb ik echt niet,' zegt Justin tegen Benjamin Bol.

'En uw vrouw, natuurlijk!' zegt tante Jet tegen Justin.

'Veel? Groot? Boel? Hoop? Ja Zilver, het is "hoop"!' zegt Pip tegen Zilver.

'Twee? Twee hopen? Lijkt het op "hopen"?' vraagt Zilver aan Bettie.

'Hier? Vandaag? Vloer? Grond? Nu? Ja Pip, het is "nu",' zegt Zilver tegen Pip.

...! gebaart Bettie heel hard naar Pip en Zilver.

'Nou, gaan jullie maar vooruit, ik kom er straks aan,' zegt Benjamin Bol tegen Beer en Boy.

'Ik weet niet of dat wel mag, zomaar een huis verkopen. Moet het niet eerst gekeurd worden?' vraagt Harry aan Benjamin Bol.

'Het is een bouwval. Ik wil er echt heel erg graag van af,' antwoordt Benjamin Bol hem. 'Liever nu dan morgen.'

'NU KOPEN.' Pip en Zilver schrikken er zelf van, zo hard hebben ze het tegelijk geraden. Dát bedoelt Bettie natuurlijk. Maar waarom?

Justin schrikt er duidelijk van en knikt. 'Ja, nu kopen!' Hij schraapt zijn keel en zegt nog een keer iets harder: 'Ik bedoel, ik koop het. Nu. Graag. Alsjeblieft.'

'Verkocht dan,' zegt Benjamin Bol beslist.

34. Bouwval

Harry staat in de hal met zijn vingers in zijn oren. 'En nu is het klaar met al die drukte en dat door elkaar heen praten,' zegt hij. 'Anders krijgen jullie allemaal een bekeuring voor herrie!' Zijn gezicht wordt helemaal rood. Iedereen stopt met praten en Harry haalt zijn vingers uit zijn oren.

Tegen tante Jet zegt hij: 'Jij kunt naar huis.'

Tegen Beer en Boy zegt hij: 'En gaan jullie maar naar buiten, gingen jullie niet voetballen of zo?'

Tegen Pip en Zilver zegt hij: 'Jullie hoeven nergens heen, want jullie zijn al thuis.'

Tegen Justin zegt hij: 'Jij hebt nu dit huis gekocht, gefeliciteerd. Geef Benjamin Bol maar het geld, dan is dat geregeld.'

Tegen Benjamin Bol zegt hij: 'Geef alle sleutels aan meneer Houtmeer. Dan is dat ook maar gelijk geregeld.'

Benjamin Bol overhandigt de sleutels van het tuinhek en de voordeur aan Justin.

'Eh... die van de voordeur hoeft niet,' zegt Pip. 'Daar hebben we net een nieuw slot op gezet.'

Benjamin Bol maakt aanstalten om de deur uit te gaan. 'Prima, hoor.'

Blij dat het huis nu van hen is, stormen Pip en Zilver tegelijk de trap op. Ze horen niet eens het oorverdovende gekraak. En terwijl iedereen beneden in de hal op het punt staat om eindelijk te vertrekken, gaat het, alwéér, vreselijk mis.

Met veel gekraak en veel stofwolken stort de derde verdieping in. Pip en Zilver hoeven er niet eens over na te denken wat er gebeurt. De verdieping net boven de slaapkamer van hun moeder is ingestort en de zolder is opnieuw iets verder naar beneden gekomen.

Maar als ze goed luisteren, horen ze nog iets anders, een geluid alsof er iets van de trap af tikt. Of takt. Of stuitert.

Tik tak. Tik tak. Tik tak. Het gestuiter klinkt steeds verder weg. Dan wordt het stil.

Pip en Zilver komen voorzichtig de trap af, terug naar de hal, waar niemand, geschrokken door de herrie, een beweging durft te maken.

Een voor een mompelen ze dingen als: 'Het is wel heel erg laat', 'we moesten maar eens gaan', 'zullen we nog voetballen?' of: 'wat eten we nou?'. Op hun tenen verlaten ze ten slotte het huis.

Justin staat wat afwezig aan zijn snor te plukken. 'Heb ik nou echt van mijn laatste geld dit huis gekocht? Deze bouwval?' vraagt hij zich zachtjes af. Hij gaat aan de keukentafel zitten en legt zijn hoofd in zijn handen.

'Gaat het wel?' vraagt Zilver en hij legt zijn hand op de schouder van Justin. 'Pap?'

Pip schenkt voor hen alle drie een glas limonade in. 'Wat nu?' zegt ze. 'Ben je niet blij met ons eigen huis?'

Nog voordat Justin antwoord kan geven, wordt er hard op de deur gebonkt. 'Jongens, kom eens snel naar buiten! Daar komt jullie moeder aangelopen. Justin, je vrouw is terug!' horen ze Harry buiten zeggen.

Het wordt stil in de keuken. De schrik staat op de drie gezichten te lezen, terwijl het bonzen op de voordeur en het roepen aanhoudt.

'Jústín, kom dan kij-hij-ken,' roept Harry nog eens.

Justin kan niet net doen alsof hij niet thuis is. Samen met de kinderen loopt hij langzaam naar de deur, die hij nog langzamer op een kiertje opent. Alle drie steken ze hun hoofd om de hoek.

Mevrouw Houtmeer, die al op het tuinpad staat, kijkt Justin verbaasd aan. 'Wie bent u?'

Nu is het Harry's beurt om stil te worden. Met grote

ogen van verbazing kijkt hij van mevrouw Houtmeer naar Justin en terug. Dan vraagt hij: 'Herken je je eigen man nou niet?'

35. Terug en bijna weg

Gelukkig kan Justin rekenen op de hulp van Pip en Zilver, die ook met hun hoofd om de deur staan te kijken.

'Fijn hè, dat papa er weer is?' zegt Pip iets te hard, zodat Harry het goed kan horen. 'Na al dat werken in Parijs is hij wel een beetje veranderd. Met die snor.'

Moeder loopt naar de voordeur en kijkt naar Justin met een gezicht alsof het standbeeld in de tuin tot leven gekomen is.

Pip en Zilver gaan snel naar buiten en pakken hun moeder ieder bij een arm. Dan trekken ze haar naar binnen.

'Kom, mam,' zegt Zilver. 'We hebben je zo veel te vertellen. We hebben heel hard geschilderd en bij tante Jet gelogeerd, en toen pap er was, gingen we hier in ons eigen huis wonen en straks gaan we ook naar school.'

Ze trekken hun moeder de hal door de keuken in, waar Justin aan de tafel zit.

'De verdieping boven jouw slaapkamer is net ingestort. En we hebben vrienden gemaakt,' vertelt Pip. 'Met Bettie, en met Beer en Boy. Met Beer kan ik voetballen.'

'En Bettie heeft ons geholpen,' zegt Zilver. 'Steeds als we hulp nodig hadden, verscheen ze precies op tijd. Ze draagt altijd een wit jurkje. Ze kan wel horen, maar zegt niks. Ze beeldt uit wat ze bedoelt en dan moeten wij het raden.'

Hun moeder kijkt helemaal niet blij. 'Vertellen jullie me eerst maar eens wie deze vriendelijke man is, die in mijn huis, aan mijn keukentafel en op mijn stoel zit,' zegt ze. 'Want hij is beslist niet jullie vader. Die zou ik met mijn ogen dicht nog herkennen.'

Justin staat op en doet een stapje naar voren: 'Aangenaam kennis te maken, mevrouw. Ik heet Justin Houtmeer, maar niet echt natuurlijk. Eerlijk gezegd, weet ik niet hoe ik heet. Ik werd wakker in de tuin tussen de coniferen, met deze twee kinderen over me heen gebogen en met een bult op mijn hoofd. Toen zei zij,' hij wijst naar Pip, 'dat ik hun vader ben. Het zijn leuke kinderen, hoor, dus dat had best gekund. Maar het bleek toch niet waar te zijn. Jammer.'

'Ik weet heus dat u hun vader niet bent en dat u

en ik niet getrouwd zijn. Mag ik u daarom verzoeken om mijn huis te verlaten?' Moeder wappert met haar handen naar Justin, alsof ze een bromvlieg de keuken uit wil jagen.

Met gebogen hoofd loopt Justin de keuken uit.

Pip en Zilver horen hem zijn spullen in zijn koffer doen en naar de hal lopen. Als ze door het keukenraam naar buiten kijken, zien ze Bettie in de tuin weer heel hard gebaren. Zo hard dat het wel superbelangrijk moet zijn. De twee raden alsof hun leven ervan afhangt.

'Groot?' gist Pip.
'Dak?' zegt Zilver.
'Veel?' probeert Pip.
Bettie maakt andere gebaren.
'Deur dan?' vraagt Pip.
'Huis?' bedenkt Zilver.
Bettie knikt.
'Huis' dus.
Bettie gebaart verder. Het lijkt alsof ze in de lucht geld telt.
'Geld?' raadt Pip.
'Munten?' zegt Zilver.
'Rijk?' probeert Pip. 'Dingen kopen?'
Hier wordt Bettie enthousiast van, maar ze knikt nog geen 'ja'.
'Gekocht, dan?' gokt Zilver.
Bettie knikt gehaast. Gekocht. Dan wijst ze naar binnen. Maar niet naar Pip, niet naar Zilver en niet naar hun moeder. Ze wijst naar iemand anders.
Justin staat al met zijn spullen op de drempel. Hij zet zijn koffer neer en wil de deur achter zich dicht trekken.
'Wacht!' roept de tweeling in koor en ze rennen naar de deur. Ze begrijpen het eindelijk.
'Je hoeft helemaal niet weg,' roept Pip naar Justin. 'Jij hebt het huis net gekocht, het huis is van jóú.'

36. Hoe moet het nu verder?

Pip en Zilver hebben Justin precies op tijd tegen kunnen houden. Hij draait zich op de drempel om. 'Dat is waar ook. Jullie hebben gelijk. Als er íémand in het ingestorte huis mag blijven wonen, dan ben ik het wel. Ik heb het tenslotte van mijn laatste geld gekocht.' Hij pakt Pip en Zilver bij de hand. 'Pip, Zilver, willen jullie hier blijven wonen? En als jullie moeder sorry zegt, mag zij misschien ook wel blijven.'

Pip en Zilver knikken ijverig. Maar terwijl ze met Justin het huis in lopen, schrikken ze op van hun jammerende moeder. Justin haast zich naar de keuken, waar mevrouw Houtmeer met haar hand haar linkervoet masseert.

'Au! Er lag een hard bolletje op de grond. Daar ben

ik op gestapt.' Aan haar gezicht kun je zien dat het behoorlijk pijn doet.

Zilver staat er wat beteuterd bij, maar gelukkig neemt Pip het woord.

'Het is een beetje een chaos allemaal. Ik stel een beraad voor. Er is in korte tijd veel gebeurd.' Ze pakt het bolletje, waar hun moeder op is gaan staan, van de grond en stopt het zonder ernaar te kijken in haar broekzak. 'Ik zeg: een rondje limonade en overleg aan de keukentafel.'

Ze kijken naar de drie stoelen rond de tafel, en dan naar elkaar.

Justin zegt snel dat mevrouw Houtmeer natuurlijk op zijn stoel mag, omdat ze pijn aan haar voet heeft. En omdat het eigenlijk haar stoelen zijn. Zelf gaat hij op het aanrecht zitten, dat mag omdat het zijn huis is.

Zilver pakt ook een stoel, maar Pip blijft staan. Zij heeft de leiding.

'Van ons geld van vroeger is bijna niets meer over, het geld van Justin is helemaal op. En die vieze marmelade gelukkig ook. Justin heeft dit grote oude huis gekocht, maar de spullen die erin staan zijn van ons. Hij is een vader die eigenlijk niet onze vader is. Wie of wat hij wel is, dat weten we niet. Hijzelf ook niet. Verder hebben we een moeder die dagenlang verstrikt heeft gezeten in het Openbaar Vervoer en nu eindelijk weer thuis is. Maar ze heeft pijn aan haar voet. Hoe nu verder? Iemand ideeën? Want ik weet het niet.' Ze kijkt vragend rond, terwijl ze in haar broekzak met het gekke balletje speelt.

Niemand geeft antwoord. Niemand heeft een oplossing. Ze kijken een beetje naar hun glas limonade of naar de vloer. Iedereen lijkt te moe om op dit moment nog over de toekomst na te denken.

Justins ogen vallen bijna dicht van vermoeidheid. Toch neemt hij nu als een echte vader het woord: 'Het lijkt me beter als de kinderen gaan slapen.' Snel kijkt hij naar mevrouw Houtmeer, maar die is al in slaap gevallen in haar stoel.

Justin klapt zachtjes in zijn handen. 'Hup, naar boven jullie, handen wassen en tanden poetsen, naar jullie pyjama en trek je bed aan. Morgen is er een nieuwe dag.'

Pip en Zilver snappen wat hij bedoelt, ook al klinkt

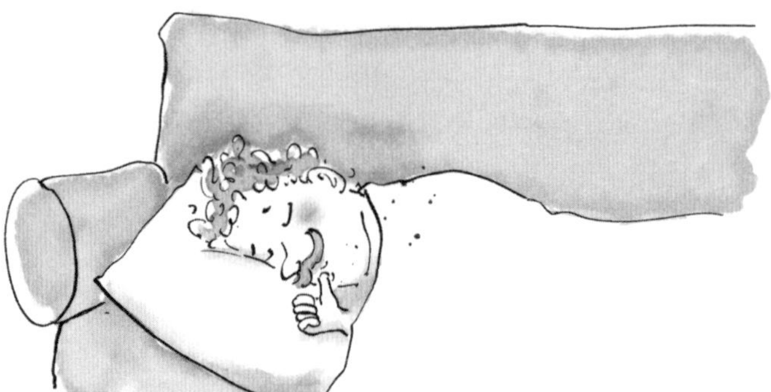

het vreemd. Ze staan op, geven hun moeder voorzichtig een kus en sluipen naar boven.

Niet veel later liggen de twee ieder in hun eigen kamer in bed. Vlak daarna komt ook hun moeder de trap op, die naar haar eigen slaapkamer gaat, een verdieping hoger. Beneden is Justin nog wat aan het rommelen, waarna hij heel lang en voorzichtig gaapt. Daarna gaan de lichten in het trapgat uit en gaat de deur van de kamer dicht. Al snel is alleen het tevreden geluid van slapende mensen nog maar te horen.

37.
Geheimzinnige post

De volgende ochtend wordt Zilver heel vroeg wakker van een klepperend geluid. Is het buiten of binnen? Of droomt hij nog? Misschien is het Bettie wel, denkt hij.

Ineens is hij klaarwakker. Hij springt uit zijn bed en gaat vlug naar het raam. Niks te zien. ‘Pip,’ fluisterroept hij even later in de deuropening van haar kamertje, ‘ik denk dat Bettie buiten staat.’ Maar Pip wordt niet wakker.

Dan hoort hij het weer, geklepper beneden. Het is de brievenbus. Hij hoort ook voetstappen: iemand rent weg. Zou het Bettie kunnen zijn, vraagt Zilver zich af? Die is nooit zo dicht bij het huis geweest. Zij staat juist altijd ergens in de tuin, haast alsof ze niet ontdekt wil worden.

Zachtjes, maar zo snel als hij kan, loopt Zilver de

trap af. Beneden in de kamer ligt Justin nog heerlijk op de sofa te slapen, met een tevreden lach op zijn gezicht en een duim in zijn mond. Kon Zilver hier nu maar een foto van maken!

Hij sluipt verder door de gang naar de hal en ziet dat er een envelop uit de brievenbus hangt. Opgewonden pakt hij hem en kijkt wat erin zit. Hij haalt er een stukje krant uit, en een papiertje. Hij vouwt de krant, die een beetje verkreukeld is, open en precies vanaf het midden van de pagina kijkt de foto van een wel heel bekende man hem aan. Onder de foto kan hij nog net de tekst lezen:

Wie heeft meneer Van de Boom gezien?
Al meer dan een week geleden is deze vriendelijke man verdwenen. Hij ging zijn tante bezoeken, maar daar is hij nooit aangekomen. Hij heeft een snor en luistert naar de voornaam Peer. Dat hopen we tenminste, want volgens zijn zuster Tika, bij wie hij woont, heeft hij vlak voor hij het huis verliet zijn hoofd lelijk gestoten. Dus misschien luistert hij nergens naar. Wie informatie over hem heeft, verzoeken wij om contact op te nemen met de politie in de eigen woonplaats.

Op de foto ziet Zilver niet ene Peer van de Boom, maar duidelijk hun Justin! Dan vouwt Zilver het briefje open. Met potlood staat er iets op gekrabbeld in een bijna onleesbaar handschrift.

Die Peer lijkt wel héél erg toevallig op jullie zogenaamde vader, hè?

Zilver denkt na: de man uit de krant is inderdaad hun Justin, geen twijfel over mogelijk. En Justin heeft zijn hoofd ook gestoten, dat klopt allemaal. Maar wie heeft dit stukje krant in de brievenbus gedaan en waarom stiekem zo vroeg? Bettie valt af, natuurlijk. Die heeft hun steeds alleen maar goed geholpen. Bijna iedereen die hij in Americka kent, valt eigenlijk af, denkt Zilver. Mart. Benjamin. Beer en Boy. Zilver heeft wel een vermoeden: er zitten vetvlekken op de krant en het ruikt een beetje naar stoofpotje. Het briefje is met potlood geschreven. Hij kent maar één persoon die altijd met potlood schrijft. Maar waarom deze envelop? Wat moet hij met de krantenpagina en het briefje doen? Aan zijn moeder laten zien, of aan Pip? Alles is net rustig; ze hebben weer een vader, hun moeder is eindelijk thuis, ze wonen in een huis waar ze al aardig gewend zijn en ze hebben zelfs vrienden gemaakt. Zilver wil dat alles zo blijft.

Hij sluipt de trap op naar boven. Niemand wakker maken, denkt hij.

Als hij in zijn eigen slaapkamertje staat, kijkt hij door het raam naar buiten. Er verschijnt geen Bettie om hem goede raad te geven, hij moet zelf een besluit nemen. Dan vouwt hij de krantenpagina samen met het briefje op, doet ze terug in de envelop en verstopt die onder zijn bed. Hij moet hier eerst even goed over nadenken.

Een uurtje later komen ze een voor een naar beneden, maar de stemming zit er niet helemaal in. Hoe de toekomst eruit moet zien is nog niet duidelijk. In alle rust eten ze ontbijt, dit keer gelukkig door moeder gemaakt.

'Waar is die Bettie van jullie als je een goed advies nodig hebt?' vraagt hun moeder niet echt vriendelijk. 'Zij heeft jullie toch steeds zo geholpen, zeiden jullie? Joehóé, Bettie!' Ze kijkt heel overdreven rond, alsof ze Bettie zoekt. 'Misschien hebben jullie haar wel verzonnen?'

Zilver wordt een beetje boos. 'Bettie was er altijd als we haar nodig hadden! Pip heeft haar gezien, en ik ook.' Anderen niet, bedenkt hij, dus misschien konden alleen Pip en hij haar zien. Zijn blik gaat door het keukenraam naar buiten en hij hoopt dat ze zal verschijnen. Kom, denkt hij heel hard, we hebben je nog een keertje nodig! Maar hoe hard hij ook denkt, hij ziet Bettie nergens. Hij kijkt naar Pip, die haar schouders ophaalt en laat weten dat ook zij geen Bettie ziet.

Soms zucht iemand even en dan lijkt het daarna nóg stiller.

'Die Bettie, hè…' begint moeder.

Daar gaat ze weer, denken Pip en Zilver tegelijk.

'… ziet die eruit zoals dat meisje daar in de tuin?'

De tweeling rent tegelijk naar het raam en roept: 'Bettie! Help ons.'

Maar Bettie staat stokstijf stil in de tuin, ze beweegt nog geen vingertopje.

38.

Bettie beweegt niet

Verbaasd kijken de tweeling en hun moeder door het keukenraam naar Bettie.

Die komt langzaam in beweging. Met haar ene hand maakt ze een vuist, met de andere gaat ze er overheen, alsof die hand een sprongetje maakt, van de ene naar de andere kant. Daarna staat ze weer stil en wijst in de verte. Wat wil Bettie hun nou duidelijk maken?

Moeder zucht. 'Als dit ons moet helpen, dan weet ik het niet, hoor.'

'Zie je,' zegt Zilver, 'jij kunt haar ook zien. We hebben haar niet verzonnen.'

'Maar wil ze ons soms iets vertellen of doet ze heel gemakkelijke ochtendgymnastiek?' vraagt moeder.

'Ssst. Het is geen gymnastiek,' zegt Pip. 'Allemaal goed opletten. Het betekent iets.'

‘Ik zie helemaal niks.’ Justin staat midden in de keuken een beetje te mokken.

‘Stil jij,’ sust moeder hem. ‘Laat ons dan raden wat ze bedoelt.’

Pip doet het raam wijd open.

Met z’n drieën hangen ze naar buiten.

Bettie staat nog steeds stil en blijft in de verte wijzen.

‘Wat wil je vertellen?’ vraagt Pip. ‘Ga maar uitbeelden.’

Maar Bettie schudt rustig haar hoofd en blijft stilstaan en wijzen.

‘Kom op nou!’ roept Zilver uit het raam.

De tweeling kijkt naar hun moeder. ‘Anders maakt ze ons altijd duidelijk wat ze bedoelt. Dan beeldt ze dingen uit en kunnen wij het raden,’ legt Zilver uit.

‘Maar nu dus niet,’ zegt Pip.

‘Maar waaróm doet ze nu dan niks? Ik snap het niet,’ klaagt moeder. ‘Kom kind, beweeg nou eens! Je lijkt wel een standbeeld.’

‘Wacht nou, misschien komt het nog…’ zegt Pip.

Maar Bettie komt niet meer in beweging, ze blijft staan waar ze staat.

Justin verveelt zich. ‘Misschien heeft ze geen zin meer,’ zegt hij zachtjes voor zich uit, terwijl hij opstaat. ‘Daarom staat ze nu zo stil als een standbeeld.’ Hij loopt heen en weer door de keuken. Opeens stopt hij.

'Maar wacht eens… in de voortuin staat een beeld, het standbeeld van die burgemeester. Jongens, kom mee!' roept hij. 'Het is natuurlijk iets met het standbeeld in de voortuin.' Hij vliegt de gang door en opent de voordeur. De anderen haasten zich achter hem aan. Zelfs moeder rent, alsof ze de pijn aan haar voet alweer vergeten is.

Bij het beeld aangekomen, bekijken ze de burgemeester van top tot teen. Het beeld staat op een groot stenen blok. Ze lopen er een rondje omheen, en nog een rondje. Ze voelen eens aan het beeld, aan zijn schoenen. Kloppen met hun handen tegen de zijkant. Ze snappen er niks van. Wat zou Bettie toch bedoelen?

Moeder zegt dat ze het koud heeft, Justin gaapt verveeld, Zilver kijkt wanhopig rond en Pip steekt haar handen in haar broekzak. Daar voelt ze dat gekke balletje dat ze gisteren in haar zak gestoken had.

39.
Laatste puzzelstukje

Pip haalt het balletje tevoorschijn en kijkt ernaar. Dan gaat haar blik naar het beeld en naar de hand van de burgemeester. Naar de vinger die een stukje mist. Het balletje in haar hand lijkt eigenlijk verdacht veel op het ontbrekende stukje wijsvinger. Als ze heel goed kijkt, kan ze zelfs een nagel herkennen.

'Ik heb een ladder of zo nodig,' zegt ze tegen Zilver, die vragend naar Justin kijkt.

Justin rent meteen naar binnen en komt met de keukentrap terug. 'Is dit ook goed?' Hij hijgt van het rennen.

Pip klapt de keukentrap uit en zet hem onder het beeld. Dan klimt ze naar boven, naar de arm met de hand van de uitgestrekte vinger. Ze reikt omhoog met het balletje. Ze draait en draait, schuift en probeert. Dan voelt ze een klik. Het vingertopje klikt vast! En precies op dat moment schuift de zijkant van de steen waar het beeld op staat zijwaarts, als een geheime deur.

De anderen staan bewegingloos, nee ademloos, nee allebei tegelijk, toe te kijken. De geheime deur schuift piepend en krakend verder en verder naar opzij. Als de deur eindelijk helemaal open is, rinkelt er van alles uit.

'Goudstukken,' roepen Pip en Zilver in koor. 'De schat! We zijn rijk.'

Justin kucht. '*We* zijn rijk?' vraagt hij. 'Van wie is dit huis eigenlijk?' Hij kijkt er heel streng bij, als een echte vader die zijn kinderen een standje geeft.

Moeder kijkt hem gespannen aan.

Dan verschijnt er een glimlach op zijn gezicht. 'Grapje, hoor. Dit huis is van jullie en mij samen. De buitenkant is van mij, de spullen erin zijn van jullie. Als jullie mij tenminste nog als jullie vader willen houden...'

Natuurlijk willen de kinderen dat. Ze kijken hun moeder vragend aan.

'Voorlopig lijkt me dat de beste oplossing,' zegt ze. 'Je hebt goed voor hen gezorgd, terwijl ik verstrikt zat in het Openbaar Vervoer. Je lijkt me een heel aardige vader.'

'Dat komt natuurlijk door die aardige kinderen van jou,' zegt Justin. 'Zij hebben mij goed opgevoed als

Bonno Bol
Een grote burgemeester. Voorvechter van Belangen en een Goed Mens.

vader. Kom, laten we wat geld pakken en naar de MiniMart gaan. Dan kopen we wat lekkers om het te vieren.'

Die avond zitten ze alle vier rond de keukentafel. Bij de MiniMart hebben ze niet alleen lekker eten, maar ook een extra stoel gekocht, zodat ze voortaan allemaal kunnen zitten. Moeder vertelt over haar ingewikkelde reis met de bus en de taxi, door al die dorpskernen, op weg naar het Gemeentehuis. Justin vertelt aan moeder over het rare schoolhoofd. De kinderen vertellen over tante Jet, die zo graag kinderen in huis wilde. En over Harry, die steeds maar bekeuringen wilde geven.

Maar hoe gezellig het ook is, ze moeten allemaal ook een beetje aan Bettie denken.

Dan wordt er op de deur geklopt.

Pip en Zilver rennen van tafel om open te doen. Natuurlijk is Pip als eerste bij de deur. Maar als ze opendoet, is er niemand.

Zilver staat naast haar. Ze turen over het donkere tuinpad. Zien ze net om de hoek een wit jurkje wapperen of denken ze dat maar? Willen ze dat?

Teleurgesteld wil Pip de deur dichttrekken, als Zilver haar tegenhoudt. 'Wacht, hier ligt iets. Een brief.'

Pip raapt hem op.

Alweer een brief? denkt Zilver. Hij heeft nog niet eens bedacht wat hij met de vorige moet doen. En deze brief kan hij niet verstoppen, Pip heeft hem ook gezien. Zou het weer over de verdwenen man gaan? Straks weet iedereen wie Justin is en moet hij terug naar huis. Zilver krijgt er een beetje buikpijn van. Hij denkt aan wel honderd dingen tegelijk, zo druk lijkt het in zijn hoofd. Hij loopt achter Pip aan terug de keuken in.

'Wie was dat?' vraagt hun moeder.

'Niemand. Dat wil zeggen, er lag alleen dit.' De kinderen gaan weer aan tafel zitten en Pip geeft moeder het briefje.

Die vouwt het open en leest voor wat erop staat:

'Dag Pip en Zilver, en hun moeder
en hun hulpvader,

Gefeliciteerd met het vinden van de schat.
Die is nu van jullie. Gebruik de goudstukken
voor goede dingen. Mijn taak zit erop.
Ik moet verder. Andere kinderen helpen.

Groetjes,
Bettie'

Verbaasd kijken ze elkaar aan.

'Was Bettie nou wel of niet echt?' vraagt Justin.

'Maakt dat uit? Ze heeft in ieder geval altijd geholpen, daar gaat het om,' zegt moeder. 'Ze heeft op Pip en Zilver gepast toen ik weg was en ze heeft gezorgd dat Pip de schat heeft gevonden, zodat die van ons is. We hebben nu een huis en genoeg geld. Dat zullen we hard nodig hebben om het hier helemaal op te knappen. En we kunnen weer boodschappen doen. Voor ons geen marmel...'

Nog voor ze uitgepraat is, springen Pip en Zilver van tafel. 'Hoera, hoera, hoera!' roepen de twee in koor. Ze zijn tenslotte een tweeling, en die denken en zeggen vaak precies hetzelfde. Soms doen ze ook precies hetzelfde, zoals nu bijvoorbeeld. Blij rennen ze rondjes om de keukentafel, omdat ze géén boterhammen met marmelade meer hoeven te eten. Nooit meer. En alles is goed zo: ze hebben een huis, hun moeder is weer terug en Justin, nou ja, Justin is hun hulpvader.

Moeder en Justin laten de twee lekker uitrazen.

Pip & Zilver komen terug in een volgend avontuur, waarin ze op zoek gaan naar hun échte vader. In Parijs…!

Dank, dank, dank...

... aan Marja voor haar oer-enthousiasme; aan Meike en Pieter voor de eerste strenge blikken; aan Agnes, Astrid, Analis, Annelies, Gonny, Harmen, Kevin, Karin, Nel en Stefan P voor hun enthousiaste aanmoediging; aan Willem voor de namensessie.

... aan het jonge proefpanel Melle, Quinten, Wieke & Noud (van vader Ronnie), Liv en Skye (van moeder Jessy). Jullie heldere blik deed een grote teen op het laatst in het puntje van een wijsvinger veranderen.

... aan iedereen die een deel of het geheel in manuscriptvorm heeft gelezen en mij het vertrouwen gaf dat dit boek er wel eens écht zou kunnen komen.

... aan gedroomde illustrator Iris Boter voor het tot leven wekken van mijn verzonnen wereld en de personages. Ik ben zó blij met jouw illustraties vol humor en grappige details.

En *last but not least* grote dank aan uitgeverij Kluitman: uitgever Mariska Budding, voor je snelle reactie, je enthousiasme en vertrouwen! Dank aan redacteuren

Elles, Annemarie en Meike, en redactiestagiaire Marieke. Jullie aanwijzingen waren niet alleen leerzaam, maar ook van groot belang (iets met perspectief en plot). Dank aan persklaarmaker Lily voor de vele puntjes op de i. En dank aan Ika en Laura, voor de lastige taak om mijn werk te promoten.

Manon Sikkel
Annemarie Dragt
Fleur van der Sluis
Anne-Margreet Matsuura
Maartje Fleur
Het
Vrolijke
Kluitman
Verhalen
Boek
Jette Schröder
Christine Linneweever
Annette van 't Hull
Monique Berndes
Chinouk Thijssen

Sandra Grimm • Silvia Christoph
Zilverwind
de witte eenhoorn
De spiegel van de tovenaar
kluitman

GEORGE
ALEX GINO
kluitman

Sanne de Bakker
Wilbert van der Steen
Het
Handboek
voor (de allerergste)
Viezeriken
(dat ben jij vast niet!)
OEPS!
BRAO!
bWarr
#VETGOOR

Wil je op de hoogte blijven van de nieuwe Kluitman-boeken?
Volg Kluitman dan op Facebook of Instagram of kijk op kluitman.nl.